कारोबारे तमन्ना

डॉ. राही मासूम रज़ा

अनुवाद

डॉ. एम. फिरोज़ खान
डॉ. शगुफ्ता नियाज़

राजकमल प्रकाशन

ISBN : 978-81-267-2440-6

मूल्य : ₹ 300

पहला संस्करण : 2013
दूसरा संस्करण : 2015

प्रकाशक : राजकमल प्रकाशन प्रा. लि.
1-बी, नेताजी सुभाष मार्ग, दरियागंज
नई दिल्ली-110 002

शाखाएँ : अशोक राजपथ, साइंस कॉलेज के सामने, पटना-800 006
पहली मंजिल, दरबारी बिल्डिंग, महात्मा गांधी मार्ग, इलाहाबाद-211 001
36 ए, शेक्सपियर सरणी, कोलकाता-700 017

वेबसाइट : www.rajkamalprakashan.com
ई-मेल : info@rajkamalprakashan.com

आवरण : देवप्रकाश चौधरी

मुद्रक : बी.के. ऑफसेट
नवीन शाहदरा, दिल्ली-110 032

KAROBARE TAMANNA
Novel by Dr. Rahi Masoom Raza
Translated by Dr. M. Firoz Khan, Dr. Shagufta Niyaz

अनुक्रम

काहे मारयो नज़रिया

उसका नाम आरज़ू था।

शहर में नई-नई आई थी। हर तरफ़ उसका तज़किरा (ज़िक्र) था। शाम ही से कल्लू मियाँ पानवाले की दुकान पर मजमा लग जाता, रिक्शेवाले से लेकर सेठ महावीर प्रसाद और हाजी बलाती के लड़के गजाधर और नुसरतुल्लाह तक तमाम लोग कल्लू पानवाले की दुकान को घेर लेते।

कोई एक साल पहले जब कल्लू ने यह दुकान खोली थी तो कैंची के खाली डिब्बों और आधी ढोली पान के अलावा दुकान में कुछ नहीं था। कैंची सिगरेट की खाली डिब्बियाँ सलीके से दुकान में सजी हुई थीं, यों ही कोई भूला-भटका पान खानेवाला आ जाता तो कल्लू, बहराम की रिहाई या जंग-ए-इन्दलस क़िस्म की कोई किताब रख पान की गिलोरियाँ बनाने लगता और फिर लेटकर किताब पढ़ने लगता।

शौक़ीन पान खानेवाले तो उन दिनों सुखदेव की दुकान पर पान खाया करते थे, क्योंकि उन दिनों सुखदेव की दुकान के सामने कयामत आबाद थी। उन दिनों हीरा का ज़ोर था। सच पूछिए तो वह हीरा थी भी, और कल्लू की दुकान के सामने शहर कांग्रेस कमेटी का दफ़्तर था। उस दफ़्तर में तमाम लोग पान खानेवाले थे। लेकिन गिलोरियाँ खानेवाले नहीं, बीड़े खानेवाले। फिर ऐसा हुआ कि कांग्रेस ने अपने कार्यालय के लिए मकान बनवा दिया और कल्लू के सामनेवाला कोठा खाली हो गया और कुछ ही दिनों के बाद उसमें आरज़ू आ गई और कल्लू को बहराम की गिरफ़्तारी और 'ख़ूनी माशूक़ उर्फ़ उदास चबूतरा' क़िस्म की किताब पढ़ने का मौक़ा कम से कम मिलने लगा।

कल्लू एक नमाज़ी परहेजग़ार क़िस्म का आदमी था, उसकी उम्र तो रही होगी यही कोई बाईस चौबीस साल की, लेकिन उसी उम्र में उसके माथे पर सजदे का एक हलका-सा निशान बन गया था।

उसे आरज़ू का कारोबार पसंद नहीं था। लेकिन आरज़ू के आते ही उसकी दुकान में कैंची की खाली डिब्बियों की जगह कैप्सटन और विल्स की भरी हुई डिब्बियाँ आ गईं। आधी ढोली की जगह कई ढोलियाँ ख़र्च होने लगीं और फिर महीने, सवा महीने के बाद मजबूरन कल्लू को एक आदमी की ज़रूरत महसूस होने लगी। अब वह तन तन्हा (अकेला) अपना कारोबार नहीं चला सकता था।

पहले वह गुरुबेआफ़ताब (दिन डूबने तक) दुकान बंद कर दिया करता था। मग़रिब और इशां के बीच का वक़्त वह नफिलें पढ़ने में गुज़ारता था। फिर पिछले पहर (सुबह से पहले) वह कलमा शहादत पढ़ता उठ जाया करता था और फ़ज्र की नमाज़ और दुआएँ पढ़ा करता था। लेकिन जबसे आरज़ू आई थी उसके मामूलात (दिनचर्या) में फ़र्क़ पड़ने लगा था, जो वक़्त वह नफिलें पढ़ने में गुज़ारा करता था वही वक़्त कारोबार के शबाब (जवानी) का होता था। अब वह उन्हें छोड़कर मस्जिद कैसे जाता। दुकान के पिछले हिस्से में वह समय निकालकर फ़र्ज़ अदा करता और फिर पान की गिलोरियाँ लगाने लगता, फिर कोई दो-सवा दो बजे दुकान बंद करके वह घर जाता तो थककर पड़ा रहता और सो जाता। तहज्जुद के लिए आँख ही न खुलती, कभी-कभी तो फ़ज्र की नमाज़ भी छूट जाती और वह अपने आपको समझाता, 'अल्लाह मियाँ को तो मालूम है नमाज़ मैं जानबूझकर कज़ा (छोड़ता) नहीं की है, रात देर से आया था, आँख नहीं खुली...।'

जब तक आरज़ू की खिड़की में रोशनी रहती तब तक कल्लू की दुकान की ट्यूब लाइट जलती रहती। (उसकी जगह कोई साल भर पहले दो आनेवाला टीन का लैम्प जला करता था)

आरज़ू ने कभी कल्लू को कोई अहमियत नहीं दी थी। जब लड़का मौजूद न होता और छुट्टे पानों की ज़रूरत होती तो खिड़की पर आती, परदा उठाकर आवाज़ देती, "ऐ कल्लू, दो आने के पान भेज दो।" या अगर पान लगाने में असकत (आलस) मालूम होती तो आवाज़ देती, "ज़रा पान खिलवाओ।" बस इसके अलावा इन दोनों में कभी कोई बात न होती, और यह बातें भी आमतौर से एकतरफ़ा हुआ करती थीं, जब वह आवाज़ देती तो कल्लू गर्दन उठाकर उसकी बातें सुन लेता और बस।

शाम को जब उसकी दुकान पर हंगामा होता और गजाधर और नुसरतुल्लाह दोनों दो चार आने पान के लिए दस के कड़कड़ाते हुए नोट निकालते और फिर आरज़ू की तरफ़ एक नज़र देखने के बाद सड़क पर पीक थूक देते या अपने किसी दोस्त की पीठ पर हाथ मारकर गलीज (ग़न्दा) सा कहकहा लगाते, या किसी राहगीर पर कोई सस्ता-सा जुमला फेंकते तो कल्लू उन बातों पर कोई ध्यान न देता, वह नोट भुनाकर बाक़ी पैसे वापस कर देता और नोट को अहतियात (सँभालकर) मोड़ करके टीन के बक्स में डाल देता और फिर उन लोगों से उस वक़्त तक के लिए बेनियाज़ (अलग) हो जाता, जब तक वह फिर पान के लिए न कहें...।

हाँ, दुकान बंद करके घर जाते समय रास्ते में उसे सोचने का थोड़ा मौक़ा मिल जाया करता था। फ़ुर्सत के उन लम्हों में भी वह आरज़ू या नुसरतुल्लाह या गजाधर के बारे में नहीं सोचा करता था।

रास्ते में वह दुकानदार नहीं रह जाता था। वह फिर कल्लू बन जाया करता था। अपने बाप कल्लूत का बेटा, शरीफ़न का भाई और शेख मदारन की बेटी महताब का आशिक़।

उसकी पहली ख़्वाहिश तो यह थी शरीफ़न की शादी हो जाए। शरीफ़न की शादी कर देना कोई दुश्वार काम नहीं था। वह जिस दिन चाहता शरीफ़न के हाथ पीले कर देता, लेकिन एक तो वह शादी के क़ाबिल नहीं थी दूसरे से कि कल्लू अब वह पहले की तरह बहराम की रिहाई और जंग-ए-इन्दलस पढ़ने और ऊँघनेवाला कल्लू नहीं था। अब वह शरीफ़न को किसी बकरीदी, किसी ईदी या किसी बुधन के साथ नहीं ब्याहना चाहता था। वह नहीं चाहता था कि उसकी बहन किसी ऐसे घर में ब्याह कर जाए जहाँ रात को घरों में सब्ज़ व सुर्ख़ (हरी एवं लाल) परियाँ नहीं बोलतीं, ताड़ी बोलती है। प्यार के इशारे नहीं चलते, हाथ चलते हैं और फिर बदन किसी पके हुए फोड़े की तरह टपकता रहता है और फिर लड़कियाँ सत्ताईस-अट्ठाईस की उम्र में नौ, दस, ग्यारह लड़के, लड़कियाँ जनने के बाद या तो मर जाती हैं या ज़िन्दा दरगोर (कब्रिस्तान) रहती हैं।

अब शरीफ़न को किसी ऐसे घर ब्याहने का सवाल ही नहीं उठता था। अब वह रोज़ दस-बीस रुपए कमा लेता था—(बल्कि बचा लेता था) अब वह शरीफ़न के लिए अच्छे से अच्छा वर तलाश कर सकता था।

इसलिए रात को जब एक हाथ में टार्च और दूसरे में एक मिर्जापुरी क़ुबड़ी लेकर वह घर की तरफ़ चलता और उसके अपने क़दमों की आवाज़

उसकी हमसफर होती और कभी-कभी दूर या नज़दीक से कुत्तों की आवाज़ें पूछतीं कि वह अजनबी तो नहीं है...तो ऐसे में वह चलते-चलते सो जाता, और शरीफ़न की शादी होने लगी...।

धूम-धाम से बारात आती, आतिशबाजी छूटती, गालियाँ गायी जातीं, कभी शरीफ़न की विदाई से पहले वह घर आ जाता और लेट जाता तब उसको एहसास होता कि वह बहुत थका हुआ है...बस ऐसे ही एहसास के साथ पपोटे भारी पड़ने लगते और शरीफ़न की शादी या महताब के बारे में सोचते हुए सो जाता।

महताब से उसे इस क़िस्म का इश्क़ नहीं था जैसा किताबों में होता है। उसने तो अब तक महताब से यह भी नहीं कहा था कि उसे उससे मुहब्बत है, उसे तो महताब से सीधा-साधा प्रेम था। ऐसा प्रेम जिसमें बखुद के ग़ज़लों से गप नहीं लड़ाई जाती, जिसमें हर गुबार, गुबार मुहम्मिल (पर्दा) नहीं होता और जिसमें घंटे की हर आवाज़ नाक-ए-लैला की घंटियों की आवाज़ नहीं होती, जिसमें न वो खुतून (खम्बा) होता है न खुसरू न तूफ़ानी हबाब (क्षणिक तूफ़ान) होता है और न सौतेली माँ और न कच्चा घड़ा, जिसमें सिर्फ़ यह होता है कि दिल में चुपके से एक चिराग़ जल जाता है और जब हर तरफ़ रोशनी हो जाती है तब भी साहबे मकान (मकान मालिक) यह सोचता रहता है कि आख़िर क़िस्सा क्या है, हर तरफ़ यह रोशनी कैसी...।

वह न कैस था न फरहाद, न राँझा था न महिवाल—वह तो कल्लू था और उसे महताब से वैसा ही प्रेम था जैसा प्रेम कोई कल्लू कर सकता है, और उसकी महताब भी शीरी व लैला नहीं थी, सिर्फ़ महताब थी, एक सीधी-सादी घरेलू लड़की जो दिन में एक हज़ार बीड़ियाँ बना लिया करती थी।

तो यह थे सीधे-सादे कल्लू पान वाले के सीधे-सादे ख़्वाब। उसने यह भी नहीं सोचा कि वह लाट साहब हो जाए, आगे पीछे नौकर हों, बीवी का गरारा सँभालने के लिए एक खादिमा (नौकरानी) हो और यह वह हो...बस शरीफ़न की शादी हो जाए और महताब को ब्याह लाए और क़िस्सा ख़त्म।

शरीफ़न की शादी में कुछ ख़ास देर नहीं थी, बस अच्छे वर की तलाश थी। कल्लू को उसके निस्बत की फ़िक्र थी और अपनी शादी वह शरीफ़न की शादी के बाद करना चाहता था मगर उसने सोचा कि शादी से पहले मकान की मरम्मत क्यों न करवा डाली जाए।

मकान की मरम्मत होने लगी, डाकख़ाना से रुपया निकलने लगा और ख़र्च होने लगा, फिर डाकख़ाने का फार्म भरते-भरते उसे ख़याल आया कि

चेक काटना चाहिए। यह ख़्वाहिश इतनी शदीद (ज़्यादा) हुई कि तकलीफ़ देने लगी। दोपहर का वक़्त था, दुकान पर कम भीड़ थी, वह इलाहाबाद बैंक की तरफ़ चला गया, इधर-उधर देखकर वह जल्दी से बैंक की इमारत में दाख़िल हो गया। पहरेदार, नेपाली उसकी तरफ़ देखकर मुसकरा दिया।

कल्लू हैरान था कि किससे पूछे चेक कहाँ काटे जाते हैं, वह चन्द लम्हों (कुछ समय) तक तो खड़ा-खड़ा हर काउन्टर क्लर्क को देखता रहा।

"का काम है तुहैं?" एक चपरासी को उस पर तरस आ गया।

"एक ठो चेक काटे का रहा।"

"तोहरा एकाउंट है इंहा?"

"न।"

"पहले इहाँ एकांउट खोलो। उधर वाली खिड़की पर जाके बा़बू से बात कर लो।" वह उधर की खिड़की पर चला गया, और बाबू उसे सेविंग बैंक और करेन्ट एकाउंट की नज़ाकतें समझाने लगे। उसने सोचा कि उसे चेक काटने से काम है, इसलिए करेन्ट एकाउंट ही खोलना चाहिए।

"नाम क्या है?" क्लर्क ने फार्म निकालते हुए पूछा।

"हकीमुल्लाह।"

"बाप का नाम।"

"शेख कलूट।"

"क्या काम करते हो?"

"शहर में पान की दुकान है।"

"दस्तख़त (हस्ताक्षर) कर सकते हो?"

"हाँ।" गुरूर से उसकी गर्दन चटकने लगी। क्लर्क ने कलम डुबोकर उसकी तरफ़ बढ़ाया, उसने फ़ार्म अपने सामने रखा, फिर निचले होंट के बाएं सिरे को दाँतों में दबाकर वह फ़ार्म पर हस्ताक्षर करने लगा।

"अब जब चेक पर ऐसे हस्ताक्षर करोगे तो रुपया मिलेगा।" क्लर्क ने उसे चेक से रुपया निकालने का तरीका समझाना शुरू किया, "यहाँ, उसका नाम लिखना जिसे रुपया देना हो..."

बैंक में एकाउंट खोलकर जब वह फिर बाज़ार में आया तो उसे अपनी अहमियत का अजीब सा अन्दाज़ होने लगा, वह गर्दन झुकाकर चलने लगा जैसे उसे यह खतरा हो कि जिस शख़्स से उसकी आँख मिल जाएगी वह यह पूछ बैठेगा कि क्या वह इलाहाबाद बैंक में करेन्ट एकाउंट खोल कर आ रहा है।

उस शाम जब राजगीर और बेलदार वगैरा मजदूरी लेने के लिए आए तो उसने गजाधर और नुसरतुल्लाह की तरफ़ शर्मीली मुसकराहट से देखने के बाद अपनी चेक बुक निकाली। उसे ख़याल था कि नुसरत और गजाधर उसकी चेक बुक देखेंगे, मगर वह दोनों तो उस समय आरज़ू की तरफ़ देखकर मुसकराने में महू (लगे) थे।

"इहाँ नाम लिख दें भैया।" आख़िर उससे न रहा गया तो उसने नुसरतुल्लाह को मुख़ातिब किया।

"हाँ।" नुसरतुल्लाह ने चेक बुक को कोई अहमियत न दी।

"ल्यो।" उसने चेक फाड़कर राजगीर की तरफ़ बढ़ा दिया।

"ई का है?" राजगीर ने हैरानी से उसकी तरफ़ देखा। "मजूरी दयो।"

"ई मजूरी है।" कल्लू ने उसे समझाना शुरू किया कि वह कब बैंक जाए और वहाँ से रुपया ले ले।

"कउनो और काम न है का..." राजगीर बोला, उसने चेक कल्लू को वापस कर दिया कि वह ख़ुद उसे भुना ले, कल्लू को यह बात बुरी लगी, फिर भी उसने राजगीर को समझाने की कोशिश की, अब दुनिया में लेन-देन नक़द नहीं किया जाता, सारा काम चेक ही से होता है, मगर राजगीर टस से मस न हुआ। आख़िर आजिज़ आकर कल्लू को राजगीर की मजदूरी नकद पैसों में अदा करना पड़ी। लेकिन उस रात दुकान बंद करके घर जाते हुए न उसने शरीफ़न के बारे में सोचा और न महताब के बारे में। वह तो सिर्फ़ यह सोचता रहा कि राजगीर ने चेक लेने से इनकार कर दिया तो अब वह किसे चेक देगा...

धीरे-धीरे कल्लू के मकान का हुलिया बदल गया। बाहरी दीवारें पक्की होती गईं, फिर अन्दर की दीवारें पक्की हुईं और एक-एक करके छतें पड़ने लगीं, और जब सारा घर पक्का हो गया, दीवारें रँगी जा चुकीं और राजगीर ने दरवाज़े पर कल्लू मंज़िल लिख कर काम ख़त्म किया तो कल्लू ने मीलाद शरीफ़ किया। पतंग के काग़ज़ की लाल-नीली-पीली झंडियाँ लगीं, चने के लड्डू बने, और शेख कलूट साफ़ लुंगी और कुर्ता पहनकर तख़्त के पास बैठ गए। कल्लू ने नुसरतुल्लाह और गजाधर को भी बुलाया था। वह दोनों भी कल्लू के पास बैठे हुए पान खा रहे थे और कल्लू मुँह में पान दबाए भागा-भागा फिर रहा था।

कल्लू मंज़िल ने मुहल्ले में कलूट और कल्लू दोनों की शख़्सियत ही बदल दी। अब मुहल्ले के लोग कलूट को शेख साहब पुकारने लगे थे। कल्लू

तो सुबह को दुकान पर चला जाया करता था। लेकिन शेख साहब का बाक़ायदा दरबार लगता। सबसे पहले शेख मदारन आए फिर करीम, जोखू, घसीटा नजरू वगैरह और मंगरू वगैरा आ जाते। दोसीरा महकने लगता और जवानी की कहानियाँ कही और सुनी जाने लगतीं।

शेख मदारन तो कलूट को अकेला छोड़ते ही नहीं थे, उन्हें अन्देशा था कि कलूट को अकेला पाकर जोखू, घसीटा और मंगरू वगैरा कहीं अपनी बेटी का रिश्ता न कर दें कल्लू से। उनका यह अन्देशा बेबुनियाद नहीं था क्योंकि मंगरू की लड़की किताबुन और नजरू की लड़की फखरुन तो बिलकुल जवान हैं और जोखू की लड़की महरुन भी अब जवान होनेवाली है। शेख मदारन को मुहल्ले की उन जवान लड़कियों के वजूद की वजह से महताब का मुस्तकबिल (भविष्य) ख़तरे में मालूम होता था।

मगर मौक़ा निकालकर जब शेख मदारन कलूट से कल्लू की शादी का ज़िक्र निकालते तो कलूट बड़ी सफ़ाई से बात टाल जाता और जब मदारन फिर वही बात शुरू करते तो कलूट सफाई से कह देता कि अभी कल्लू की शादी की क्या जल्दी है पहले शरीफ़न की शादी होगी।

''ज़माना बड़ा ख़राब है...'' कलूट तकरीर कर डालता और मुहल्ले की लड़कियों की कहानी सुना डालता कि उसने अपनी जवानी के ज़माने में किस की लड़की किसके साथ फँस गई थी। किसकी लड़की किसके साथ निकल गई थी। और अब भी उसकी निगाहों से किसका घर ओझल है...। ''ना भय्या, लड़की घर की इज्जत है, पहले ओका ब्याह लें तब कल्लू के ब्याह के बारे में सोचें...''

शेख मदारन हाँ-हाँ करते रहे, अब वह यह तो नहीं कह सकते थे न कि कलूट ये सब तुम ठीक कहते हो मगर मेरी बेटी महताब बिलकुल जवान है, वह भी तो आख़िर मेरे घर की इज़्ज़त है।

और सच्ची बात तो यह है कि कलूट मुहल्ले की किसी लड़की से कल्लू को ब्याहना नहीं चाहता था। उसे कल्लू के लिए किसी अच्छे घर की तलाश थी, वह किसी पढ़ी-लिखी लड़की से कल्लू की शादी करना चाहता था और इस सिलसिले में वह जौनपुर, आज़मगढ़ और इलाहाबाद का सफ़र कर चुका था। उसकी निगाह में बिरादरी की कई लड़कियाँ थीं। इलाहाबाद में शेख विलायत की लड़की आयशा तो दसवाँ दरजा पास थी, जौनपुर के चौधरी सुट्टन की लड़की जीनत भी आठवीं पास थी, फिर भला इन पढ़ी-लिखी लड़कियों को छोड़कर कलूट अपने इकलौते बेटे कल्लू की शादी शेख मदारन

की बेटी मदारन से क्यों करता। एक तो शेख मदारन अपनी बेटी को कुछ दे नहीं सकते। मुश्किल से दोनों वक़्त चूल्हा जलता है और चले हैं कल्लू से अपनी बेटी ब्याहने...।

और कल्लू इन बातों से बेख़बर महताब के बारे में सोचा करता और उन दोनों के बारे में उलटी सीधी स्कीमें बनाया करता जब महताब उसकी बीवी बनकर घर में आ जाएगी और बीड़ी बनाना छोड़ देगी...बारात के साथ आरज़ू का नाच ज़रूर जाएगा। कव्वाल सालों को ले जाने से क्या हासिल, और फिर नुसरतुल्लाह और गजाधर वगैरा को कव्वाली में क्या मज़ा आएगा। इसलिए सब बारात में शहर के बड़े लोगों को दावत दी जाएगी तो फिर वैसा ही इन्तेजाम करना पड़ेगा।

"यार कल्लू, अब तुम शादी कर डालो।" एक दिन नुसरतुल्लाह ने कहा।

कल्लू शरमा गया, "हो जइहे भइया।"

"आरज़ू का नाच करवाना न भूलना।" नुसरतुल्लाह ने गजाधर के गले में हाथ डालते हुए कहा।

"अरे आरज़ू!" गजाधर ने हाँक लगाई, आरज़ू उस वक़्त खिड़की पर नहीं थी, गजाधर की आवाज़ सुनते ही खिड़की पर आ गई, परदा हटा, आरज़ू मुसकराने लगी, "कल्लू की बारात के साथ चलोगी न?"

"ज़रूर चलूँगी, शादी हो भी।"

"क्यों, होगी क्यों नहीं।" नुसरतुल्लाह बोला।

"यह तो मुझे देखकर शरमा जाता है, बीवी के सामने तो आँख नहीं खुलेगी।" एक कहकहा लगा, कल्लू घबराकर पान लगाने लगा।

"तुम्हीं इसकी आँख खुलवा दो।"

"अभी तो यह बेचारा हर काम से पहले बाबा से पूछता होगा।"

सड़क बेफ़िकरों के कहकहों से गूँज उठी, पड़ोस के दुकानदार भी सड़क पर आ गए। कल्लू सख़्त शरमाया हुआ था, उसका चेहरा लाल हो रहा था। आरज़ू मुसकरा रही थी।

"अब यह तुम्हारी ज़्यादती है।" गजाधर ने कहा।

"अरे तो कहिए न अपने कल्लू से कि मेरे हाथ की दो गिलोरियाँ खा ले।"

"कल्लू जाओ, यह इज़्ज़त का सवाल है।" नुसरतुल्लाह ने कहा।

"यह क्या आएगा, तभी तो शादी नहीं करता, आ जाए तो दस रुपए की मिठाई खिलाऊँ।"

"अरे यार चले भी जाओ।" गजाधर ने कहा।

"अमे जाओ।" नुसरतुल्लाह ने कहा।

"क्या मैं डरता हूँ इस साली से।" कल्लू लुंगी झाड़कर खड़ा हो गया।

"शाबाश!" नुसरतुल्लाह ने उसकी पीठ ठोंकी।

कल्लू धड़धड़ाता हुआ ऊपर चढ़ गया। सड़क पर फिर एक कहकहा लगा। नुसरतुल्लाह ने आरज़ू को आँख मार दी। आरज़ू मुसकराती हुई खिड़की से हट गई। कल्लू दरवाज़े पर खड़ा हुआ था।

"वहाँ रुक जाने की शर्त नहीं है, अन्दर आ जाओ।" आरज़ू ने कहा। वह अन्दर आ गया।

"अब इधर बैठ जाओ।" वह घबराया-घबराया बैठ गया, और दीवारों पर लगी हुई तसवीरें देखने लगा। क़ायदे-ए-आज़म के पास ही पंडित नेहरू की तसवीर थी और फिर एक पुराना कैलेन्डर रखा था जिसमें मधुबाला मुसकरा रही थी और..."

"आदाब अर्ज़ है।" कल्लू चौंक पड़ा, तसवीरों पर से उसकी निगाहें हट गईं। उस्ताद नेजात उसे सलाम कर रहे थे। वह पसीने-पसीने हो गया क्योंकि उस अदब से सलाम करनेवाले उस्ताद नेजात उसकी दुकान पर रोज़ आते थे और 'तुम' कहकर मुखातिब किया करते थे। उन्होंने घबराए हुए कल्लू की तरफ़ देखे बग़ैर सारंगी निकाली और फिर चुपचाप गर्दन झुकाकर उसके तार मिलाने लगे। उनके लिए कल्लू अब कल्लू पानवाला नहीं था। रईस था और वह आरज़ू का गाना सुनने आया था।

फिर तारीक़ दरवाजे से गजाधर और नुसरतुल्लाह अपने मुसाहिबों (साथियों) के गोल के साथ आ गए, कल्लू ने घबरा के वहाँ से भाग जाना चाहा मगर नुसरतुल्लाह ने उसे दबोच लिया। वह बैठ गया मगर बहुत परेशान रहा। उसकी पेशानी पर पसीने की नन्ही-नन्ही बूँदें थीं और वह निशान सजदा भीग रहा था...फिर तबला टनका, सारंगी ने हाँ में हाँ मिलायी, आरज़ू उनके करीब बैठकर अपने बाएँ पैर से ताल देने लगी।

सांवरिया काहे मारयो नज़रिया
इत बहे गंगा इत बहे जमुना
बीच में ठारो कन्धिया काहे मारयो नज़रिया।

आरज़ू गाने लगी, गजाधर और नुसरतुल्लाह और उनके दोस्तों ने तारीफ़ शुरू की। उस्ताद नेजात सारंगी बजाते रहे। उन्हें मालूम था कि उन तारीफ करनेवालों में कोई संगीत की क ख से वाक़िफ़ नहीं है। वह जानते

थे आरज़ू जगह-जगह बे ताली तक हो रही है। मगर वह उन लोगों की तरफ़ देखकर यूँ मुसकराते रहे जैसे यह लोग संगीत के असली पारखी हों।

"हुजूर को गाने की बड़ी अच्छी समझ है।" उन्होंने नुसरतुल्लाह को मुखातिब किया और नुसरतुल्लाह जेब में हाथ डाले एक रुपए का नोट तलाश कर रहा था, पाँच का नोट तलाश करने लगा। आरज़ू उस वक़्त उसके सामने बैठी भाव बता रही थी। गजाधर ने दस रुपया का नोट मोड़ कर आरज़ू को खींच मारा। आरज़ू ने उसे झुक के सलाम किया। नुसरतुल्लाह को गजाधर की यह हरकतें हमेशा नागवार गुज़रती थीं, एक दो रुपया की छूट बहुत होती है, मगर यह साला दस रुपए का नोट उछाल देता है, मजबूरन नुसरतुल्लाह को भी अपना इरादा बदलना पड़ा, दस रुपए का एक नोट निकालकर उसमें रुपए का एक सिक्का लपेटा और फिर उस लिपटे हुए सिक्के को कल्लू के सिर पर रख दिया। कल्लू घबरा गया। आरज़ू ने कल्लू के सिर से वह पुड़िया उठा ली। कमरे में कहकहा गूँजा और कल्लू शरमा गया।

उस रात जब वह दुकान बंद करके घर जा रहा था तो न वह शरीफ़न के बारे में सोच रहा था और न महताब के बारे में, उस रात तो उसके कानों में दूर व नज़दीक से आरज़ू के गाने की आवाज़ आ रही थी। *काहे मारयो नज़रिया...।*

मुकाबला

नुसरतुल्ला गजाधर की हिमाकतों (बेवकूफ़ियों) से तंग आ गया था। यह साला पाँच की जगह पचास ख़र्च करता है और फिर दूसरों को भी ख़र्च करना पड़ता है। पहले तो वह चुपचाप इन हालात को बर्दाश्त करता रहा, उसके पास पैसों की कमी नहीं थी। वह हाजी बलाती का इकलौता लड़का था। हाजी बलाती लाखों का कारोबार करते थे। नकली दवाओं से नकली जाफ़रान तक...वह हर चीज़ का व्यापार करता है। मार्केटिंग इंस्पेक्टर तनख़्वाह पाता था, चुंगी वालों का महीना बंधा हुआ था। पुलिस वालों की खिद्मत की जाती थी और इसीलिए कारोबार दिन दूनी रात चौगुनी तरक्क़ी कर रहा था।

हालाँकि शहर में अभी ऐसे लोग ज़िन्दा थे जिन्हें हाजी बलाती के वे दिन याद थे जब वह शहर में नए-नए आए थे। गंजी की एक लुंगी और गंजी की एक बनियान पहने हुए और जहाँ अब दस दरों की दुकान थी वहीं एक दर की दुकान खुली थी। मुट्ठी भर धनिया, मुट्ठी भर हल्दी फिर देखते-देखते एक से दो और दो से दस हो गए। बलाती हज कर आए। हाजी बलाती और अब तो उन्होंने दुकान में बैठना बंद कर दिया था। वह घर पर ही रहते थे और दुकान का काम नुसरतुल्लाह कर रहा था।

इसलिए नुसरतुल्लाह के सामने रुपए का सवाल नहीं था। उसे बस यह दुख था कि ये तीन, सवा तीन सौ रुपए जो हर महीने आरज़ू पर ख़र्च होते हैं एक साल में कोई चार हज़ार बनते हैं और यह चार हज़ार दस साल में चालीस हज़ार हो जाएँगे, उससे आगे सोचने की उसमें हिम्मत नहीं थी।

वह इन चार हज़ार रुपयों को अगर दुकान में लगाता तो एक साल में कुछ न कुछ बनते तो छह हज़ार बनते और फिर दस साल में यह चार हज़ार साठ हज़ार बनते...यह सोच कर उसे गजाधर पर बड़ा गुस्सा आया। नहीं-नहीं यह सिलसिला बंद करना पड़ेगा। एक तरीक़ा तो यह था कि आरज़ू ही से हाथ उठा ले। मगर यह नामुमकिन था क्योंकि महावीर प्रसाद की हाजी बलाती के सामने कोई हैसियत नहीं थी। दस महावीर प्रसाद उसकी जेब में इकन्नियों-दुअन्नियों की तरह पड़े रहते थे।

वह गजाधर से दबकर आरज़ू को नहीं छोड़ सकता था। व्यापार मण्डल में यह सवाल नहीं उठाया जा सकता था। मगर चुपचाप से दस साल में चालीस हज़ार गँवाए भी तो नहीं जा सकते थे।

इसलिए एक रात उसने गजाधर को समझाने का फ़ैसला किया। उसने गजाधर को ऊँच-नीच समझाने की कोशिश की। नाहक आरज़ू की कीमत बढ़ाने से क्या फ़ायदा! आरज़ू पर पचास रुपया महीना तक ख़र्च करने में कोई नुकसान नहीं है। लेकिन आठ हज़ार सालाना—यह तो बड़ी रकम होती है।

"हटाओ यार।" गजाधर ने टालना चाहा।

"नहीं भाई।"

"मैं दार टाइम का रईस नहीं हूँ।"

यह बर्दाश्त करना नुसरतुल्लाह के लिए मुश्किल था। यह सही था कि हाजी बलाती को दूसरी जंग ने लखपति, करोड़पति बना दिया था। मगर

उसके माने यह हरगिज़ नहीं थे कि गजाधर—महावीर प्रसाद जैसे टुच्चों के लड़के ताना दें। उसकी आँखें चमकने लगीं। बाएँ हाथ से लुंगी समेटकर उसने बुझी हुई सिगरेट फेंक दी।

"ख़ैर, यहीं से ही देखा जाएगा।"

"देखना क्या है मियाँ, आरज़ू रंडी है जिसकी टेंट भारी होगी वह उसकी होकर रहेगी। ख़र्च करता हूँ और उधार लेकर ख़र्च नहीं करता। अपने बाप की आँख में धूल झोंककर ख़र्च नहीं करता। सोने-चाँदी का व्यापारी हूँ। खरा काम करता हूँ।" वह सड़क पर पीक-थूककर आरज़ू की गली में मुड़ गया और नुसरतुल्लाह बाएँ हाथ में लुंगी का सिरा लिए अन्धेरी गली में खड़ा सोचता रह गया।

उस रात वह आरज़ू के यहाँ नहीं गया।

कल्लू ने दुकान बंद की तो वह उसके साथ हो लिया।

"तुम से एक काम है।"

"कहिए भैया।"

"तुम आरज़ू को नौकर रख लो।"

"जी...?" कल्लू घबरा गया।

"हाँ-हाँ।" वह झल्ला गया। "आरज़ू को नौकर रख लो, चार सौ रुपए माहवार पर।"

"चार सौ।"

"अबे मरा क्यों जा रहा है यह रुपए मैं दूँगा।"

"मगर भैया..."

"शहर में रहना नहीं है क्या। मगर साले सुन लो, नौकर रखने के बाद अगर तुमने आरज़ू के यहाँ रहने की कोशिश की तो..." उसने बात पूरी नहीं की। कल्लू को वह इतना अहमक (बेवकूफ़) नहीं समझता था कि इस नामुकम्मल जुम्ले (अधूरा वाक्य) का मतलब न समझ सके।

"अच्छा भैया आप जैसा कहें।"

बात तै हो गई।

दूसरे दिन वह दुकान पर लौंडे को बिठाने के बाद पिछले दरवाज़े से आरज़ू के घर गया। वह आँगन में बैठी मुँह धो रही थी। उसके बाल परेशान थे। कपड़े मुड़े-चुगड़े थे, मगर कल्लू को यह परेशान बालों और मुड़े चुगड़े कपड़ों वाली आरज़ू सरे-शाम बन सँवरकर कोठे पर बैठने वाली आरज़ू से अलग मालूम हुई और अच्छी भी मालूम हुई। आँगन में बैठी हुई आरज़ू,

शहर की हज़ारों लड़कियों से अलग नहीं मालूम हो रही थी। चेहरे पर नींद का वही अक्स था। आँखों में वही बेपरवाही थी। कपड़ों में वही बेतक़ल्लुफ़ी थी और आँगन में वैसी ही धूप थी जैसी धूप हर घर में होती है और इधर-उधर बिलकुल उसी तरह कौव्वे फुदकते फिर रहे थे जैसे घरों में फुदकते फिरते हैं।

आरज़ू उसे देखकर मुसकरा दी।

''अरे कल्लू, तुम।''

''हाँ।''

''आओ-आओ।'' वह मुसकराई, ''अम्मा-ए-अम्मा मौलवी साहब आए हैं।'' उसने अपनी माँ को पुकारा। कल्लू पर घड़ों पानी पड़ गया। मगर वह कर ही क्या सकता था, उसे इसी शहर में रहना था...।

''खड़े क्यों हो बैठ जाओ, मैं इस वक़्त देखने के क़ाबिल नहीं हूँ। इसलिए दूसरी तरफ़ देखो। मैं दो मिनट में कपड़े पहन लेती हूँ।'' यह बात सुनकर उसने यह देखा कि आरज़ू सिर्फ़ पेटीकोट और अँगिया पहने हुए है...वह बेहद शरमा गया और आरज़ू खिलखिलाकर हँस दी।

''कैसे आए कल्लू।'' आरज़ू की माँ आ गई।

''मैं आरज़ू को नौकर रखना चाहता हूँ।''

आरज़ू की चुल्लू में भरा हुआ पानी गिर गया। वह कल्लू की तरफ़ बड़ी हैरानी से देख रही थी। आरज़ू की माँ की हैरानी भी आरज़ू से कम नहीं थी। आरज़ू मुसकरा कर फिर ठंडे पानी से अपनी ख़ूबसूरत आँखें धोने लगी।

''अभी आरज़ू नौकरी नहीं करेगी। यही तो उसके कमाने के दिन हैं। अभी नौकरी कर लेगी तो बुढ़ापे में खाएगी क्या। जाओ-जाओ जाकर पान बेचो। आरज़ू को नौकरी भी करनी होगी तो क्या शहर के रईस मर गए हैं कि दो रुपए का पान बेचनेवाला उसे नौकर रखेगा।''

''देखो सगन बाई, तुम्हें उससे क्या कि मैं क्या करता हूँ, मैं दो रुपए का पान बेचता हूँ और तुम्हारे दो रुपए की हल्दी और धनिया और न मालूम क्या अला-बला बेचते हैं। मैं तो आरज़ू की तनख़्वाह मुकर्रर करने को कह रहा हूँ।''

''क्या तनख़्वाह दोगे?''

''क्या लोगी तनख़्वाह?''

''तीन सौ रुपया महीना दोगे।''

''दूँगा।''

''ए कल्लू—क्यों सुबह-सुबह मज़ाक करता है, जा अपना काम कर।''

''यह लो तीन सौ रुपए।'' उसने जेब से नोटों की एक गड्डी निकालकर रुपए पलंग पर गिराए। बच जानेवाले सौ रुपयों को उसने जेब में रख लिया। ये सोच कर दिल ही दिल में खुश हुआ कि नुसरतुल्लाह को यह बताने की क्या ज़रूरत है कि आरज़ू तीन सौ पर ही नौकर हो गई है। यानी सौ रुपए महीने की यह बचत अलग से हुई। ''और हाँ देखो,'' उसने फटी-फटी आँखों से अपनी तरफ़ देखती हुई सगन बाई को मुख़ातिब किया, ''कोई साला असाधर-गजाधर यहाँ नहीं आएगा, मैं गाने बजाने को मना नहीं करता। मगर आरज़ू किसी के साथ रहेगी नहीं और गजाधर का आना इस घर में बिलकुल बंद।''

''जी हाँ हुजूर, जो आप कहते हैं वही होगा।'' सगन बाई ने कहा। कल्लू को अपने लिए सगन बाई का यह 'हुजूर' बड़ा अजीब मालूम हुआ, मगर वह उस 'हुजूर' की मौसी की संगीत में बह गया। ''अरे आरज़ू! मुँह धो चुको, चलो अपने रईस के पास।''

चन्द ही लम्हों में सादे कपड़ों में मबलूस (पहने हुए) आरज़ू अपने रईस के पास आ गई। बाई बावर्चीखाने की तरफ़ चली गई और वहाँ से भुनी हुई सूजी की खुशबू आने लगी। वह उस खुशबू की जंजीरों में जकड़ गया। रात को नुसरतुल्लाह की परेशानकुन स्कीम ने उसे ठीक से सोने नहीं दिया था। इसलिए उसकी आँख देर से खुली थी और वह नाश्ता किए बग़ैर ही चला आया था।

वह खुरे पलंग पर लेट गया। आरज़ू लपक के तकिया उठा लाई। कल्लू ने बाएँ घुटने पर दाहिने पैर को टिकाकर आसमान की तरफ़ देखना शुरू किया। बहुत लगे हुए नीम को छूता हुआ कबूतरों का एक झुंड तेज़ी से गुज़रा और ओझल हो गया।

आरज़ू गुनगुनाने लगी।

दिले नादां तुझे हुआ क्या है
आख़िर इस दर्द की दवा क्या है
हम हैं मुश्ताक़ और वह बेज़ार
या इलाही यह माजरा क्या है।

कल्लू ने कमीज़ की जेब से एक बीड़ी निकालकर सुलगा ली। आरज़ू गुनगुनाती रही। और उसके बालों से खेलती रही और उसके पूरे जिस्म में

लज़्ज़त की बर्क़ी लहरें (बिजली की लहर) दौड़ती रहीं और वह सोचता रहा कि...मगर नहीं। ऐसे में वह सोच ही क्या सकता था। वह तो बस आँखें बंद किए पड़ा रहा।

"यह क्या—तुमने दरी तक नहीं बिछाई। मैं कहती हूँ कि तुमको कब अक़्ल आएगी।" सगन बाई उसके लिए ख़ुद नाश्ता लेकर जब बावर्चीखाने से निकली तो उस खुरे पलंग पर देखकर आरज़ू पर बरस पड़ीं, "अब तुम ऐसी नादान भी नहीं हो।"

"मैंने तो कहा था, इन्होंने सुना ही नहीं।"

नाश्ता करके वह दुकान पर आ गया। मगर दुकान पर अब उसका जी नहीं लग रहा था। मगर दुकान से उठकर वह जा भी नहीं सकता था। और जाता भी तो कहाँ जाता। घर जाता तो शेख कलूट उल्टे-सीधे सवाल करने लगते। इसलिए वह दुकान पर ही बैठा रहा।

दिन रेंगता रहा। आख़िर ख़ुदा-ख़ुदा करके शाम आई। सूरज डूब गया। तमाशबीनों का जमघट कल्लू की दुकान पर इकट्ठा होने लगा। थोड़ी देर में नुसरतुल्लाह आ गया। पान की दो गिलोरियाँ खाने के बाद वह वहीं तख़्ते पर उकड़ू बैठकर गजाधर का इन्तज़ार करने लगा।

गजाधर अपने वक़्त से आया। उसने नुसरतुल्लाह की तरफ़ देखा भी नहीं। पान खाकर वह आरज़ू की गली की तरफ़ चला गया। नुसरतुल्लाह एक गलीज़-सी गाली देकर सड़क पर थूकने के बाद तेज़ी से अपनी दाहिनी रान खुजलाने लगा।

गजाधर दो ही मिनट में वापस आ गया, मगर अब वह मुसकराता हुआ गजाधर नहीं था। उसकी पेशानी पर बल थे। वह आकर कल्लू के सामने खड़ा हो गया। कल्लू घबराकर जल्दी-जल्दी पान बनाने लगा।

"साले तेरी यह हैसियत कि तू आरज़ू को नौकर रखेगा।"

गजाधर ने कल्लू पर गालियों की बौछार कर दी।

"कल्लू क्या तुमने उनसे रुपया उधार लेकर आरज़ू को नौकर रखा है?" नुसरतुल्लाह ने कल्लू से पूछा।

"तुम चुप रहो जी।" गजाधर ने नुसरतुल्लाह को डाँट दिया।

"जुबान सँभालों, नहीं तो महावीर प्रसाद पेट पकड़े आएँगे और चादर में उठाकर ले जाएँगे।"

बात बढ़ गई। गालियाँ खत्म हो गईं तो आस्तीन चढ़ गई। दुकानदारों ने बीच-बचाव करवा दिया। वरना फसाद हो गया होता। गजाधर गालियाँ

बकता हुआ चला गया। नुसरतुल्लाह बाईं हाथ में लुंगी सँभाले आरज़ू की गली में चले गए। और फिर चन्द ही लम्हों के बाद आरज़ू की खिड़की पर परदा पड़ गया। और तबले की आवाज़ आने लगी और आरज़ू के गाने की आवाज़ आने लगी।

लगा झूलनी का धक्का बलम कलकत्ता चले गए। फिर घुंघरू खनकने लगे और नुसरतुल्लाह की आवाज़ आने लगी। नुसरतुल्लाह बहुत खुश था। उसे आरज़ू पर ख़र्च होने वाले चार सौ रुपयों का कोई अफसोस नहीं था। यह तो बिजनेस है। जहाँ पुलिस मार्केटिंग इंस्पेक्टर और चुंगीवालों पर सैकड़ों रुपए महीना ख़र्च होते हैं वहाँ चार सौ और सही।

उस्ताद नेजात की तबीयत सुस्त थी। फिर भी वह सारंगी बजाए जा रहे थे। क्योंकि उन्हें ख़दशा (आशंका) थी कि अगर वह न होंगे तो कोई और आ जाएगा। अजीब ज़माना आ गया है जिसे देखिए वह सिरे की टाँग खींचने में मशगूल है। अब वह कल का लड़का शमशाद उस्ताद बना फिरता है। सुनने में आया कमला सरोज और अख्तरी को तालीम भी दे रहा है। जिसे सारंगी के तारों की गिनती भी न मालूम हो वह तालीम दे रहा है। और फिर यह हरामज़ादियाँ मुजरे करेंगी और कोई वाक़िफ़कार आ जाएगा तो वह उस्तादों को सात हज़ार गालियाँ देगा। अब उसे यह कौन बताएगा कि उनको किसी उस्ताद ने तालीम नहीं दी है। शमशाद ने तालीम दी है।

उस्ताद नेजात तो आरज़ू से भी खुश नहीं थे। आरज़ू भी किसी अताई की शागिर्दा मालूम होती है। ताल, सुर की तमीज़ नहीं है। वह तो उस्ताद नेजात ने कुछ दुरुस्त कर लिया है। वरना आरज़ू के पास पीली चमड़ी के अलावा था ही क्या। शुरू में उस्ताद सगन बाई को कई बार नसीहत की।

"मैं कहता हूँ सगन बाई यह गोरी चमड़ी हमेशा नहीं रहेगी। लड़कियों को तालीम दिलवाओ वरना जब उमर ढलेगी तो कोई टके में नहीं पूछेगा। साल-छह महीने टीटा करके गाने-बजाने का काम नहीं किया जाता...।"

यह सुनकर सगन बाई ने कहा था, "उस्ताद मैं क्या करूँ। यह कम्बख़्त सीखती ही नहीं। आप ही तालीम दीजिए।"

उसी रोज़ से आरज़ू की तालीम दोबारा शुरू हो गई थी। अब हालाँकि वह आरज़ू के उस्ताद भी थे फिर भी वह तबीयत की ख़राबी के बावजूद आ

गए थे। अब वह ज़माना नहीं था कि उस्ताद उस्ताद है। अब तो उस्ताद भी टिकिया चोटे होते हैं। अब यही ख़बर गर्म है कि शमशाद कमला और अख़्तरी दोनों से फँसा हुआ है। और सरोज को फँसाने की कोशिश कर रहा है और यह हरामज़ादियाँ नथ पहनने से पहले ही नथ उतरवा डालेंगी? शराफ़त तो इस दुनिया में है ही नहीं। अभी कल की बात है जब यही शमशाद उस्ताद-उस्ताद कहा करता था और आज ख़ुद उस्ताद बना फिर रहा है...।

शमशाद का ख़याल आते ही उस्ताद का ख़ून खौलने लगा। उनका हाथ तारों पर रवानी से दौड़ने लगा। उस वक़्त यह मज़े में गा भी रहा है। उस्ताद ने सोचा कुछ दिनों में गाने लगेगी मगर यह नुसरतुल्लाह को क्या हो गया है, इस बनिये की जेब से धड़ाधड़ नोट क्यों निकाल रहे हैं। अब तो शरफ़ा ने गाना सुनना ही बंद कर दिया है, बनिये रह गए हैं। जिनकी जेब से रेज़गारी भी मुश्किल से निकलती है और दफ़्तर के बाबू हैं जो आते हैं, गन्दे मज़ाक करते हैं और पान के लिए एक रुपया फेंक कर अकड़ते हुए नीचे चले आते हैं। और फिर नीचे गली में पहुँचते ही चार आदमी साथ हों तो चार-चार आने करके रुपया पूरा कर लेते हैं।

सगन बाई ने आरज़ू को तालीम नहीं दिलवाई तो क्या बुरा किया। क्योंकि आवाज़ तो आवाज़ अब तो बदन के कद्रदान भी कम होते जा रहे हैं...बाबुओं और बनियों की इस दुनिया में तवायफ़ का गुज़र नहीं, ठिकानों का काम है।

मुजरा ख़त्म हुआ। उस्ताद ने सारंगी को गिलाफ़ में रख दिया। नुसरतुल्लाह पान खाकर अकड़ता हुआ चला गया। उस्ताद ने अपने हिस्से का रुपया लिया और जाने की तैयारी करने लगे तब सगन बाई ने उन्हें बताया कि आरज़ू को कल्लू पान वाले ने तीन सौ माहवार पर नौकर रख लिया है। उनकी हैरत की इन्तिहा नहीं रही जो लोग पहले तवायफ़ों को नौकर रखा करते थे, वे मारे-मारे फिर रहे हैं। अपनी औरतों के ज़ेवर बेच रहे हैं। ज़मींदारी के बांड बेच रहे हैं। बाप-दादा का नाम बेच रहे हैं और कल्लू पान वाले तीन सौ रुपए माहवार पर तवायफ़ों को नौकर रख रखे है। यह सब क़यामत के आसार हैं। अब जिस दुनिया में कल्लू पान वाले आरज़ुओं को नौकर रखेंगे। इस दुनिया में उस्ताद नेजात की कद्र भला कौन करेगा। इस दुनिया में तो शमशाद ही की क़द्र होगी जो अपनी शागिर्दों को बुरी निगाह से देखता है।

उस्ताद नीचे उतर आए। कल्लू की दुकान पर वही हंगामा था। पान की दो गिलोरियाँ खाने के बाद बग़ैर पैसा दिए वह आगे बढ़ने लगे तो कल्लू ने उन्हें टोक दिया।

"उस्ताद पैसा?"

"क्यों नहीं हुज़ूर।" उन्होंने इकन्नी निकाल कर पान के तख़्ते पर फेंक दी। तो यह हैं आज के रईस जो तवायफ़ों को तीन सौ रुपए माहवार पर नौकर रखते हैं और दो गिलोरियों के पैसे लेना नहीं भूलते।

वह बाज़ार में नहीं टिके वरना आमतौर पर गई रात तक कल्लू की दुकान के तख़्ते पर बैठे रहा करते थे, क्या पता कहीं मुजरा हो और उनकी ज़रूरत पड़ जाए। अब उनमें भाग-दौड़ करने की सिकत (ताकत) नहीं थी। मगर चारा ही क्या था। वह ज़माना अब कहाँ था जब रईस किसी अनाड़ी उस्ताद को देखकर अच्छी से अच्छी तवायफ़ के यहाँ से उठ जाया करते थे। उस्ताद को ऐसे वाक़यात याद थे। उन दिनों रागीश्वरी का बाज़ार चढ़ा हुआ था। उसने रियाज़ भी काफ़ी किया था। दरिया पार करके ठाकुर साहब कभी-कभी उसके यहाँ आया करते थे। एक रोज़ जो वह आए तो सारंगी किसी और के हाथ में देखकर चौंके थे। कोई नौसिखिया था। उसे सारंगी हिलाता ही देखकर उन्हें इख़्तेलाज होने लगा था। और वह यह कहकर रागीश्वरी के यहाँ से उठ गए थे कि अब उसका कोठा रईसों के क़ाबिल नहीं रह गया है। उस दिन के गए हुए ठाकुर फिर लौटकर रागेश्वरी के यहाँ नहीं आए। अब दो गिलोरियों की इकन्नी याद रखने वाले कल्लू को भला इसकी क्या ख़बर होगी कि सारंगी कौन बजा रहा है...।

घर पहुँचने के बाद हाथ मुँह धोकर वह लेट गए। पोती पैर दबाने लगी। उन्हें यह पोती अन्जुम बहुत अज़ीज़ थी। रात को जब वह लेटते और अन्जुम पैर दबाने लगती तो जवान बेटे का ग़म ताज़ा हो जाता।

उस्ताद के घर की तमाम औरतें शादी, ब्याह, खतना, बिस्मिल्लाह और इस क़िस्म की दूसरी तक़रीरों पर जजमानी गाने जाया करती थीं। लेकिन अन्जुम के लिए उस्ताद ने सख़्ती से मना कर रखा था कि उसे कहीं न ले जाया जाए। उन्होंने अन्जुम को स्कूल में दाख़िल करवा दिया था और तो माशाअल्लाह उसने एफ.ए. भी पास कर लिया था। उस्ताद को अन्जुम की आवाज़ बहुत पसन्द थी। इसलिए वह उसे मौसी की संगीत की तालीम भी दिया करते थे। मजलिसों में नौहा, ख़्वानी, सोजख़्वानी करने की इजाज़त थी। मजलिसों में ख़ासतौर पर बुलाई जाती थी। और सैय्यदानियाँ

उसके बाजू की हैसियत से नौहा ख़्वानी या सोज ख़्वानी में हिस्सा लिया करती थीं। उस्ताद उस एज़ाज़ (सम्मानों) से मुतमइन थे और उन्हें सिर्फ़ उसकी फ़िक्र थी कि अन्जुम की शादी किसी ऐसे घर में हो जाए जहाँ उसे जजमानी न रखनी पड़े। उसकी शादी के लिए वह इधर कोई साल-सवा साल से एक-एक चीज़ इकट्ठा कर रहे थे। कभी ज़रा चार पैसे हुए तो कान की बालियाँ बनवा लीं, कभी पाँव के लिए लच्छे तैयार हो गए, कभी एक जोड़ा बन गया।...बस वह यह चाहते थे कि अन्जुम की शादी के बाद कोई यह न कहे कि शमशाद ने अपनी बेटी की शादी ज़्यादा धूम से की।

शमशाद की लड़की सगरा भी अन्जुम ही की हमसिन थी। शहर में उसकी आवाज़ की भी धूम थी। जिस घर में शादी होती तो वह ख़ासतौर पर बुलायी जाती। बड़े नखरे से जाती, ढोल लेकर नानी चलती, माँ, फुफ्फू और खालाएँ साथ चलतीं। फिर जहाँ तक़रीब होती, वह उस मकान में दाख़िल होतीं, नकाब उतारती, माँ उसे तह कर देतीं तब वह सिरहाने बैठती और नानी ढोल खींचती और तब वह गाना शुरू करती।

शमशाद अक़सर उस्ताद नेजात पर तंज किया करता था। "अच्छी भली लड़की को ख़राब कर दिया बुड्ढे ने, भला बताओ! मरासी की लड़की अंग्रेज़ी पढ़कर क्या करेगी, इससे तो अच्छा था उसे नए-नए गाने याद करवाता। मगर वह तो इसे मास्टर बनवाएगा। और भई यह किस से छिपा है कि मास्टरनियाँ इन दिनों पढ़ाने के अलावा और क्या करतीं...।

ये बातें उस्ताद के कानों तक पहुँच ही जाया करती थीं। मगर वह शमशाद से फ़ौजदारी तो नहीं कर सकते थे और अन्जुम की तरफ़ देखकर सोचने लगे थे कि देखें इसे कैसा शौहर मिलता है।

उस रात भी वह लेट गए। अन्जुम उनके पैर दबाने लगी और वह सोचने लगे कि अन्जुम की शादी कर देनी चाहिए। फिर ख़याल आया कि जहाँ एफ.ए. तक पढ़ाया है, दो साल और सही बी.ए. तक पढ़ा दिया जाए। घर-घर जाकर ढोल पर गाने से अच्छा है कि यह स्कूल में उस्तानी हो जाए। शमशाद लाख कहे कि उस्तानियाँ तवायफ़ से बदतर होती हैं। मगर उस्ताद के हलक़ से यह बात नहीं उतरती थी।

"अब तेरी शादी कर दूँ, ऐ!" उन्होंने जब इधर-उधर देखकर यक़ीन कर लिया कि कोई उनकी बात नहीं सुनेगा। तब वह अन्जुम से बोले। "हुह दादा" अन्जुम शरमा गई, "फिर हम आपसे न बोलेंगे।" उस्ताद हँस दिए।

"लड़कियों की शादी तो करनी ही पड़ती है बेटा।" उस्ताद ने कहा, अन्जुम ने झनककर उस्ताद के पैर छोड़ दिए। वह वाकई उसी क़िस्म की बातों का बुरा माना करती थी। वह बड़ी कशमकश में थी। उस्ताद जब शादी का ज़िक्र करते तो उस रात उसको नींद न आती। वह गई रात तक अपने होने वाले शौहर के बारे में सोचा करती, वह कैसा होगा। बड़ी-बड़ी स्याह आँखें होंगी, चौड़ा माथा, भरे-भरे होंठ, लम्बा कद, चौड़ा चकला बदन...वह सरापा के इस तिलस्म में बहुत दूर निकल जाती फिर यह ख़याल आते ही तेज़ी से लौट आती कि वह चली जाएगी, तो दादा को इस घर में कोई पूछेगा भी नहीं। बस कशमकश शुरू हो जाती। कभी तो वह सोचती कि बड़ी-बड़ी आँखोंवाला कब तक इन्तज़ार कर सकता है। और कभी यह ख़याल आता कि फिर दादा का क्या होगा, बस वह उस दोराहे पर रुक जाती, किधर जाए किधर न जाए, उसे दोनों रास्तों से मुहब्बत थी...।"

"तू इस लड़की को ख़राब करके रहियो।" अन्जुम की माँ ने बावर्चीखाने से हाँक लगाई, "शादी करिहै, दो कौड़ी की नहीं रह गई है यह छोकरी। एक ऊ शमशाद वाली है जिस घर में जाए, हाथों-हाथ ली जाए। और एकठो ई हे दिमाग़ ढी..." वह बकने लगी। वह उस्ताद से जलने लगी थी। अन्जुम अगर जजमानी देखती तो घर की आमदनी बढ़ती। आख़िर शमशाद की लौंडिया कमा रही है न। मगर लाट साहब तो पोती को पढ़ा रहे हैं। आमदनी क्या बढ़ाती कि महीने के महीने मुट्ठी भर रुपया ख़र्च ही हो जाता है और फिर आज यह किताब नहीं है कल वह, और हमेशा कपड़ा लत्ता ठीक करते रहो...इसलिए वह जब दादा को पोती से प्यार करते देखती तो जल जाती और माथा ठोंकती और अपनी क़िस्मत को कोस डालती।

"दादा से ऐसी बात न किया करो।" अन्जुम ने तेजी से कहा।

"जाने दे बेटी! वह जाहिल औरत है। वह क्या जाने तू क्या कर रही है। वह तो शमशाद की बेटी की आवभगत देखकर जला करती है। वह क्या जाने कि मैं तुझे मराबिनों के नरगे (घेरे) से निकाल रहा हूँ और ज़्यादा शरीफ़ाना, ज़्यादा बाइज़्ज़त ज़िन्दगी की तरफ़ ले जा रहा हूँ।"

अच्छी-ख़ासी क़यामत आ गई। अन्जुम की माँ ने कफ़गीर फेंक दी। यह अलामत थी उसकी कि घंटों की फुर्सत हुई। उस्ताद चुपचाप कन्धे पर दुपट्टा डालकर बाहर निकल आए। उन्हें अपनी बहू पर गुस्सा नहीं आता था। वह जानते थे कि वह दिल की बुरी नहीं है। वह जजमानी के आगे देख

ही नहीं सकती तो सोचती है कि मैंने इस लड़की को खराब कर दिया। वह क्या जाने कि इस दुनिया में मरासिनों के लिए कोई जगह नहीं है। अब शादियों में टोने नहीं गाए जाते, रिकार्ड बजते हैं, बैंड बजते हैं। भला इस हंगामे में मरासिन के ढोल के लिए कहाँ जगह है। शमशाद को यह बात नहीं मालूम इसलिए मैं अपनी अन्जुम को मरासिन नहीं बना रहा हूँ, उस्तानी बनाने के बारे में सोच रहा हूँ। इस दुनिया को मरासिनों की ज़रूरत नहीं है, उस्तानियों की ज़रूरत है।

मुसकराकर वह दाहिने हाथ के अंगूठे और बीच वाली उंगली से अपनी सफ़ेद मूँछों को बराबर करते हुए फिर बाज़ार में आ गए।

बाज़ार का हाल वही था। कल्लू की दुकान पर मज़मा उसी तरह का था। कई रिक्शेवाले तख़्ते पर उकड़ू बैठे आरज़ू के घर की तरफ़ देख रहे थे। आरज़ू खिड़की पर ही थी। उस्ताद भी कल्लू की दुकान पर रुक गए।

"...अच्छा है साहब। यह धन्धा बंद होना चाहिए। मैं तो कहता हूँ कि आज़ादी के बाद सरकार ने यही एक काम किया है। आज इसका एहसास हो रहा है कि हिन्दुस्तान वाकई आज़ाद हो गया है..." मास्टर ख़लील तकरीर कर रहे थे और सड़क पर थूकने के बहाने आरज़ू को देखते जा रहे थे।

उस्ताद की समझ में इस तक़रीर का मकसद नहीं आया। मास्टर ख़लील को वह बहुत दिनों से जानते थे। 1945-46 ई. तक पक्के मुस्लिम लीगी थे। कोतवाली के सामनेवाले मैदान में धुँआधार तक़रीरें किया करते थे। "मुहम्मद कासिम के साथ मुट्ठी भर मुसलमान आए थे। आज तो हम दस करोड़ हैं। हम पाकिस्तान बना सकते हैं। हम पाकिस्तान बनाकर रहेंगे...।" मास्टर ख़लील की तक़रीरों से ख़ुद उस्ताद की रगों में ख़ून की गर्दिश तेज़ हो जाया करती थी। फिर जब 1947 में हिन्दुस्तान आज़ाद हुआ और पाकिस्तान बन गया, तो मास्टर साहब कांग्रेस में आ गए। 1952 ई. में कांग्रेस के टिकट पर इलेक्शन लड़े, हार गए, फिर म्यूनिसिपल इलेक्शन लड़े, स्कूल से मुस्ताफा हुए और अब सिर्फ पेशेवर सियासत दां थे।

"सरकार ने क्या कर दिया है मियाँ।" उस्ताद से न रहा गया।

"सरकार एक कानून बनाने जा रही है जिसकी शै से रंडियों को पेशा करने की इज़ाज़त नहीं होगी।"

"अच्छा तो सरकार ऐसा कानून बनाने जा रही है।" उस्ताद बोले तो तमाम लोग बेवक्त राय देने लगे। भला ऐसा कौन हो सकता था जो सरकार के इस तरक्की पसन्द...मास्टर ख़लील ने मवाफ़िल मजमा पाया तो मौज़ू की गर्मी में आ गए..."तवायफ़ शराफ़त के ख़ूबसूरत मकान में एक ग़न्दी नाली है..."

"मगर मियाँ, ग़न्दी नालियाँ न होंगी तो घरों की ग़लागत (ग़न्दगी) बहकर बाहर कैसे निकलेगी? मकान में ढोले बिजबिजाने लगेंगे..."

मास्टर ने सुनी अनसुनी कर दी, "अब हमारी तहज़ीब के माथे का यह कलंक धुलनेवाला है। यह बदन बेचने वालियाँ अब बदन बेचकर हिन्दुस्तानी तारीख़ व तहज़ीब का मज़ाक नहीं उड़ा सकेंगी...।"

आरज़ू की दुकान में कोई आ गया। वह खिड़की से हट गई। खिड़की पर परदा पड़ गया। मास्टर ख़लील का जोश ख़त्म हो गया। उन्होंने घड़ी देखी, नावक्त हो चला था। पान खाकर पैसा दिए बग़ैर वह आगे बढ़ गए। कल्लू ने उनसे पैसा माँगा भी नहीं। क्योंकि वह शहर के नेता थे।

मास्टर ख़लील के जाने के बाद कल्लू की दुकान पर देर तक यही बातें होती रहीं। और आरज़ू इस नए ऐक्ट से बेख़बर नाचती और गाती रही।

पिया मिलन की रात सुहानी
नील गगन से दूर अम्बर से
झलकें जगमग तारे
कोई चाँद का दीप बुझा दो
शरमाती है रात की रानी
पिया मिलन की रात सुहानी

और तमाशबीन (दर्शक) भी इस नए ऐक्ट से बेख़बर ग़लीज (ग़न्दा) लहजे में तारीफ़ें करते रहे और आरज़ू मुसकराती रही। और उस्ताद के हाथ सारंगी पर चलते रहे और तबला ठिनकता रहा और रात ढलती रही...।

कल्लू उस रात जब घर पहुँचा तो उसे यह देखकर हैरत हुई कि शेख कलूट जाग रहे हैं और हुक्का पी रहे हैं।

"का बात है बाबा।" उसने टार्च को सिरहाने रखते हुए कहा।

"तू तो मिल्यो नहीं, कल हमरा निकाह है, खिदमत करिहै।"

"निकाह करिहौ?" कल्लू चौंक पड़ा "के से?"

"मंगरू की लड़कियाँ न हे, नफ़ीसनी।"

"जौन चाहो करो।" कल्लू लेट गया, क्या कहता। कलूट पचपन-साठ के क़रीब था।

मंगरू की लड़की नफ़ीसन चौदह साल की थी! कल्लू में यह सोचने की सलाहियत नहीं थी कि कलूट और नफ़ीसन की उम्र में ज़मीन आसमान का फ़र्क है और यह नफ़ीसन के साथ बड़ी ज़्यादती है। वह इस बात से ज़रूर परेशान था कि आख़िर नफ़ीसन को माँ कैसे कहेगा। जबकि वह उमर में उससे छोटी है और अब तक उसे नफ़ीसनी पुकारता है...।

"तूहूँ कुछू बोलिहो नाही।" कलूट ने खँखारकर कहा।

"का बोलें बाबा, अब तो तू जो चाहो करो। बाक़ी नफ़ीसनी तो अभई छोटी है।"

"चौदह बरस की है।" कलूट ने कहा और बात खत्म हो गई। वह बहुत थका हुआ था, सोना चाहता था। इसलिए उसने ये भी नहीं कहा कि अपनी शादी की क्या जल्दी है, पहले शरीफ़न के ब्याह की फ़िक्र करनी थी। वह सो गया।

सारा शहर सो गया। उस्ताद नेजात अपने घर में सो रहे थे। शमशाद अपने घर में, मास्टर ख़लील अपनी दूसरी बीवी के साथ थे और आरज़ू अपने पलंग पर तन्हा थी। सिर्फ़ कुत्ते जाग रहे थे और चोर जाग रहे थे। और पुलिसवाले जाग रहे थे और शायद आसमान पर सितारे जागे रहे थे और मंगरू के घर में चौदह साल की नफ़ीसन जाग रही थी। जिसे मालूम हो गया था कि उसकी शादी कलूट से होनेवाली है। जिसे वह अब तक बड़के बाबा कहा करती थी।

सोता है संसार जागता है परवरदिगार

शेख कलूट एक रात ताड़ी खाने से वापसी में एक ट्रक की लपेट में आ गए। ट्रक वाला ज़रा जल्दी में था इसलिए उसने रुकने की ज़हमत नहीं उठाई। ट्रक की रफ़्तार और तेज हो गई और देखते-देखते सड़क पर सन्नाटा छा गया।

सुबह को म्यूनिसिपालिटी के मेहतर ने शेख कलूट की लाश दरियाफ़्त की। ताड़ी खानेवाले ने पहचाना कि लाश शेख कलूट की है। पुलिस ने

रिपोर्ट लिखी। पोस्टमार्टम हुआ, चन्दा किया गया, लाश दफ़न कर दी गई।

अब शरीफ़न उस घर में क्यों रहती। वह बाक़ायदा आरज़ू के यहाँ रहने लगी, उसमें अब कोई कशिश नहीं रह गई थी। अब वह वाक़ई नौकरानी थी।

कभी-कभार आरज़ू खाली न होती या अजनबी लड़कियाँ न होतीं तो कोई मेहमान उसमें दिलचस्पी ले लेता। अठन्नी मिल जाती या हद से हद एक रुपया मिल गया। आरज़ू का बर्ताव भी बदल गया था। माँ बात-बात पर डाँटती, आरज़ू घुड़कती, नुसरतुल्लाह तो उसकी तरफ़ देखता भी नहीं था, शादी की बात तो अलग रही।

एक रोज़ आरज़ू बहुत खफ़ा हो गई।

"निकल, तू अभी निकल जा इस घर से।"

"ऐसा इसे मत कहो बाज़ी।"

"क्यों न कहें हरामज़ादी को।"

"मैं तो ख़ैर हरामज़ादी न हूँ जी अपनी कहो, निकाल दयो घर से। मैं शहर भर में कहती फिरूं कि आरज़ू रंडी है। लड़की फँसा के ले आती है और उनसे पेशा कराती है। चलो, मैं ख़ुद निकल जाथ्यों।"

घर में सन्नाटा छा गया।

"अरे नहीं बेटी...।" माँ ने जुबान खोली।

"अच्छा-अच्छा ई रिश्तेदारी रहै दियो, हैं नोज, मैं तोरी बेटी काहे को हुए लगिहों, मैं ई घर में रहियो, दोनों वक़्त खइयो, बोलो मंजूर।"

मंजूर करने के अलावा चारा ही क्या था। उसने काम धन्धा भी बंद कर दिया। काम-काज करने के लिए एक नौकरानी रख ली गई, शरीफ़न दिन भर लेटी रहती या थक जाती तो घूमने निकल जाती।

घूमते-घूमते जहाँ पान खाने को जी चाहता वहीं सामने वाले मकान में चली जाती। बड़ी-बड़ी कोठियों में अक़सर नौजवान लड़के उसकी तरफ़ चुपके-चुपके देखते। वह अब भी जिन्सी कशिश का एक खज़ाना थी। इन लड़कों को वह दो चार दिन के आने जाने में आरज़ू के घर पहुँचा देती।

पिछले कई दिनों से वह मौलवी सलामतुल्लाह के लड़के पर काम कर रही थी। सत्तरह-अट्ठारह साल का लड़का भला शरीफ़न का जाल क्या तोड़ पाता। घर में लड़के की शादी की बातचीत चल रही थी। कज़ियाने

में क़ाज़ी शरीफ़ुलहक़ साबिक जमींदार कला की लड़की से उसकी शादी होनेवाली थी।

मौलवी साहब सलामतुल्लाह के घर में दिन-रात क़ाज़ी साहब की लड़की सबीहा के हुस्न की बात होती रहती और मौलवी साहब का लड़का अनवारुलहक़ अपने कमरे से चुपके-चुपके ये बातें सुनता और फिर नहाने के लिए गुस्लखाने चला जाता।

शरीफ़न अनवारुलहक़ के हालात ताड़ गई। लोहा गरम था, चोट मारने की देर थी घर में आना-जाना तो हो ही गया था। वह काम-काज भी कर देती। कभी ये दालान झाड़ दिया। कभी उस कमरे की सफ़ाई कर दी। घर की बीवियों ने सोचा कि मुफ़्त की नौकरानी है। दो-चार बीड़े पान ही के तो ख़र्च होते हैं।

वह अनवारुलहक़ के कमरे में आने-जाने लगी। घर की लड़कियों को साथ लेकर शादी के गीत भी गाने लगी। गई रात तक वह मौलवी सलामतुल्लाह के घर रहती। अनवारुलहक़ को वह आरज़ू के घर नहीं ले जाना चाहती थी। आख़िर क्या ज़रूरी है कि हर नए गिरफ़्तार को आरज़ू ही के घर पहुँचा दिया जाए?

"ज़रा सबीहा को देख आओ।" अनवारुलहक़ ने एक सुनसान दोपहर में उससे कहा—वह उस वक़्त अनवारुलहक़ का सिर दबा रही थी। अब घर में कोई यह नहीं सोचता कि शरीफ़न अनवारुलहक़ के कमरे में देर से है।

उसने अनवारुलहक़ की बात मान ली।

उसी रोज़ शाम को वह शरीफ़ुनहक़ के घर गई। वहाँ भी शादी का हंगामा था। वह घर की औरतों को सलाम करके पलंग के पास उकड़ू बैठ गई और पटर-पटर बातें करने लगी।

सबीहा को उसने फ़ौरन पहचान लिया। सबीहा ने भी उसे फौरन पहचान लिया।

"बेटा तू तो बहुत दिन से सिनेमा नहीं आइयो?"

"यह निगार टाकीज में गेटकीपर थी।" सबीहा ने जल्दी से कहा।

बात ख़त्म हो गई। घर में शरीफ़न को कोई अहमियत नहीं दी, भला क़ाज़ी साहब के घर की औरतें एक हकीर से सिनेमा की बेहद हकीर गेटकीपर को क्या अहमियत देतीं।

पान-वान खाकर वह चलने लगी तो सबीहा ने घर की आँख बचाकर उसे दो रुपए का एक नोट थमा दिया।

काज़ी साहब के घर से निकलकर शरीफ़न ने सोचा अगर सबीहा की तरह आरज़ू के घर आनेवाली तमाम अजनबी लड़कियों का पता चल जाए तो ज़िन्दगी चैन से रहे। आरज़ू के घर धमा चौकड़ी से अब वह थक गई थी।

अनवारुलहक़ से उसने सबीहा की बड़ी तारीफ़ की। अनवारुलहक़ का बदन ऐंठने लगा। घर में गीत गाए जा रहे थे। शमशाद की लड़की सग़रा ग़ालिब की ग़ज़ल गा रही थी।

ढूँढ़े है फिर किसी लबे बाम पर होस
जुल्फ स्याह रुख पे परेशान किए हुए।

शादी से चन्द दिन पहले अनवारुलहक़ के चेहरे पर अजीबोग़रीब दाने निकल आए। अनवारुलहक़ को कमरे में बंद कर दिया गया। चुपके-चुपके इलाज शुरू हुआ। काज़ी साहब के घर कहलवा दिया गया कि मौलवी साहब की बीवी की मामूजाद बहन की नन्द की जवान लड़की का इन्तेकाल हो गया है। इसलिए शादी की तारीख़ों में तब्दीली ज़रूरी है।

शादी टल गई।

शरीफ़न ने वहाँ जाना तर्क कर दिया। अब वहाँ आना-जाना तर्क कर दिया। अब वहाँ रखा ही क्या था। शहर में ढूँढ़-ढाँढ़ के उसने सत्तरह अजनबी लड़कियाँ तलाश कर ली थीं। आमदनी बढ़ गई थी। अव्वल तो उसका ख़र्च ही क्या था। सारा ख़र्च तो आरज़ू और सगन बाई पूरा करती थीं। यह ऊपर की आमदनी तो एक-एक पाई बच जाती थी...। एक दिन उसने डाकख़ाने में हिसाब खोल लिया।

लेकिन एक रोज़ जब उससे मुहल्ले की किसी औरत ने पूछा कि आरज़ू के मियाँ का ठेका अब किस शहर में है तो वह चौंक पड़ी। मुहल्ले की उस औरत को तो उसने जवाब दे दिया मगर फिर वह सीधी घर आई। वहाँ परेशान करेगी या हिस्सा माँगेगी। उससे बेहतर है कि यहाँ से चला जाया जाए।

आरज़ू शहर छोड़कर चली गई। वह जहाँ भी गई होगी वहाँ उसने एक-एक मकान लिया होगा। मुहल्लेवालों से मेल-जोल बढ़ाया होगा। और वहाँ भी उसके देवरों और नन्दोइयों ने आना-जाना शुरू किया होगा। कोई नौकरानी शरीफ़न बन गई होगी। और कोई मेहताब, कुँओं में कूदकर मर जाने के बारे में सोच रही होगी। फिर जब पुलिस वहाँ भी हिस्सा माँगना शुरू करेगी तो कहीं और चली जाएगी।

आरज़ू के जाने के बाद नुसरतुल्लाह ने 'कल्लू मंज़िल' को किराए पर उठा दिया। शरीफ़न ने शहर के दूसरे सिरे पर एक छोटा-सा मकान किराए पर ले लिया। उसके पास पूँजी थी। उसने ख़ुद अपनी दुकान खोल ली।

काजी साहब की बेटी सबीहा, लाला सुखचन्द की लड़की लाजवन्ती, ठाकुर हरिनारायण की बेटी प्रभा, मिर्ज़ा वजाहत अली की लड़की रुकय्या इन तमाम लड़कियों को सिनेमा देखने के लिए घर से निकलना पड़ा। शरीफ़न का घर निगार टाकीज़ से मिला हुआ था। यह लड़कियाँ टिकट खरीदकर ज़नाना दरजे में जातीं। भाई या चचा या घर से साथ आनेवाला मर्दाने में बैठता, खेल शुरू होने के बाद यह लड़कियाँ शरीफ़न के घर आ जातीं। खेल ख़त्म होने से पहले फिर सिनेमा में वापस चली जातीं।

फिर यह लड़कियाँ अपनी सहेलियों को लाईं।

शरीफ़न ने आरज़ू की तरह बेवकूफ़ी नहीं की। उसने कोतवाली को अपनी आमदनी में शरीक कर लिया। दरिया में रहकर मगरमच्छ से बैर नहीं किया जाता। शरीफ़न काफ़ी अकलमन्द हो गई थी।

वह एक परदानशीन बेवा थी। पड़ोस में उसकी इज़्ज़त थी। वह अक़सर पड़ोसियों की मदद किया करती थी। सामने वाली मस्जिद के मुल्लाजी को दोनों वक़्त खाना खिलाती थी।...के इमामबाड़े में इसने चाँदी के तीन अलम भी चढ़ाए।

वह हर तरह से मुतमइन थी।

हाँ, उस रात उसे नींद नहीं आई जिसकी सुबह कल्लू रिहा होनेवाला था। वह सोच रही थी। कल्लू घर जाएगा, उसे न पाकर परेशान होगा। मुहल्लेवालों से पूछेगा। वह कहेंगे कि शरीफ़न तो कलूट के मरने के बाद ही चली गई। न मालूम कहाँ...

दो बरस में क्या कुछ नहीं हो गया। दो बरस पहले वह शरीफ़न थी। 'क्या' को 'का' बोलनेवाली, दो साल में अच्छी खासी उर्दू बोलने लगी थी। अब तो कल्लू उसे बोलते सुन ले तो शायद पहचान भी न सके।

उस रात चन्द लम्हों के लिए वह फिर कल्लू पान वाले की बहन बन गई। सीधी-साधी मासूम-सी शरीफ़न। जो अपने भय्या से मिलने के लिए बेचैन थी। जो यह देखना चाहती थी कि दो साल की कैद-ए-बामशक्कत ने उसके भय्या के साथ क्या सलूक किया है। वह अपने कल्लू से लिपटकर रोना चाहती थी।

सुबह हो गई, आफ़ताब उछलकर उफक से बाहर आ गया। उजाला अपनी गेंद उछालने लगा। सड़कें और गलियाँ बेदार हो गईं। दूधवालियाँ और उपलेवालियाँ शहर की तरफ़ आने लगीं। रिक्शे दौड़ने लगे। बावर्चीखानों से धुआँ निकलने लगा। हलवाई जलेबियाँ तलने लगे...।

जेल का फाटक खुला। कल्लू बाहर निकला। जेल का फाटक बंद हो गया। कल्लू ने बंद होते हुए फाटक की आवाज़ सुनी। वह घर की तरफ़ चल पड़ा। उसे किसी से शिकायत नहीं थी। उसे क़िस्मत से गिला था।

मुहल्ले के लोगों ने उसकी खैरियत पूछी। उसे कलूट का पुरसा दिया। थोड़ी देर में उसने दो साल की बातें सुन लीं। नफ़ीसन किसी के साथ भाग गई। मेहताब ने कुएँ में गिरकर जान दे दी, घसीटे की लड़की के यहाँ शादी से पहले ही बच्चा हो गया। और वह बेहया नवासे को खिलाता रहता है। उसे नुसरतुल्लाह ने रख लिया है। और शरीफ़न का कहीं पता नहीं है।

तो दो साल में बहुत कुछ हो गया। उसने सोचा, मेहताब मर गई, नफ़ीसन भाग गई, घसीटे की लड़की शादी से पहले माँ बन गई है। उसे नुसरतुल्लाह ने रख लिया है। और घसीटे अपने हरामी नवासे को खिलाता रहता है। और शरीफ़न का पता नहीं है। तो फिर दो साल में क्या नहीं हुआ। बाक़ी क्या बचा? क्या चीज़ नहीं टूटी? हर चीज़ टूट गई। हर चीज़ गुम हो गई...।

"अब तू का करिहो बेटा?" जुम्मन ने उससे पूछा।

"पान की दुकान चाचा।"

"रहियो कहाँ?"

"मस्जिद में।"

"हमरे की हिया रहा करो।"

"अच्छा चाचा।"

थोड़ी देर तक मुहल्लेवालों से बातचीत करके वह बाज़ार की तरफ़ चल पड़ा, शौक़ साहब ने दुकान किसी को दे दी होगी। दो बरस तक वह उसके इन्तेज़ार में दुकान क्यों खाली रखेंगे। कौन कहे कि वह उनका कोई सगा-सौतेला है। लल्लन ने दुकान ले ली होगी। फिर क्या होगा?

बाज़ार वैसा ही था। रंडियों की खिड़कियों पर अलबत्ता परदे पड़े हुए थे। ज़्यादातर खिड़कियाँ तो ख़ैर बंद ही थीं और उन पर 'किराएदार

के लिए ख़ाली है' की तख़्तियाँ लगी हुई थीं। दस-बीस खिड़कियों पर परदे थे और यह बोर्ड था कि 'यहाँ सिर्फ़ गाने-बजाने का काम होता है।'

कल्लू के लिए उन तख़्तियों में कोई अहमियत नहीं थी। वह उन पर एक उचटती हुई निगाह डालकर अपनी दुकान की तरफ़ चला गया। अपनी दुकान बंद देखकर उसने इत्मीनान की साँस ली। तख़्ते पर लल्लन का खोमचा था।

आरज़ू के कोठे पर किसी राजनीतिक पार्टी की जिला की शाख के दफ़्तर का बोर्ड लगा हुआ था।

बगलवाला दुकानदार लल्लन के खोमचे के पास खड़ा हुआ एक पैसेवाला पान लगवा रहा था। कल्लू सलामअलैकुम कहकर खड़ा हो गया। इधर-उधर के कई दुकानदार आकर उसकी ख़ैरियत पूछने लगे।

"तुम आ गए कल्लू।" किसी तरफ़ से शौक़ साहब आ गए।

"हाँ, माट साहब।"

"मेरे साथ आओ।"

वह उनके साथ लग लिया। शौक़ साहब ने रास्ते में उससे कोई बात नहीं की। अपने घर पहुँचकर शेरवानी खूँटी पर टाँगने के बाद वह तख़्त पर मैले से गाव तकिए के सहारे बैठ लिए तब जैसे उन्हें याद आया कि कल्लू भी साथ आया।

"तो तुम आ गए।" उन्होंने फिर पूछा।

"हाँ, माट साहब।" कल्लू ने फिर जवाब दिया।

"अपनी दुकान की कुन्जी ले जाओ, घबराओ मत, मैं दो बरस का किराया नहीं माँगूँगा, और हाँ, दुकान का सामान ठीक-ठाक करने के लिए कुछ पैसे भी हैं?"

"ना।"

"ना" शौक़ साहब बिगड़ गए। "दुकान मेरे सर से खोलोगे, एक तो दुकान दूँ फिर दुकान के लिए पैसे भी दूँ।" वह पिनपिनाते हुए जनानख़ाने में चले गए। कल्लू बेचारा हैरान-हैरान बैठा रह गया। शौक़ साहब फ़ौरन बाहर आए। उनके हाथ में कुछ नोट थे।

वह नोट उन्होंने कल्लू की गोद में फेंक दिए। "मगर न मेरे बाबा कोई लाट साहब थे और न ही मैं किसी वजीर का रिश्तेदार हूँ। यह रुपए वापस कर देना, हाँ आं, अब तशरीफ़ ले जाइए।"

कल्लू तशरीफ़ ले गया।

दो बरस बाद दुकान का ताला खोलना उसे कुछ अजीब लगा। लल्लन खाँ अपना खोमचा लेकर तख़्ते से उठ गए। कल्लू ने दुकान सजाई, ख़ाली डिबिया अलमारियों में लग गईं। पीतल के तख़्ते पर लाल कपड़ा पड़ा। पानी छिड़का गया। पान सजा दिया गया। दो बरस के सूखे बर्तन धोए गए। चूने के प्याले में ताज़ा चूना रखा गया, कत्थे के प्याले में ताजा कत्था। चमचियाँ धोई गईं, कटी हुई छालियाँ अपने प्याले में आ गईं और तम्बाकू की दो-तीन शीशियाँ रख दी गईं।

कल्लू दुकान खोलकर बैठ गया।

"ज़रा पान खिलाओ।" शौक़ साहब ने इकन्नी फेंकी।

"पैसा न लेंगे।"

"पैसा न लेंगे, हुह।" शौक़ साहब बिगड़ गए, "पैसा नहीं लोगे तो मेरा क़र्ज़ कहाँ से अदा करोगे।"

"सलामअलैकुम मास्टर साहब।" नूर मुहम्मद खाँ आ गए।

"सलामअलैकुम खाँ साहब, कहिए क्या हाल चाल है। कितने मकानों में किराएदार बसाए?"

"अजी लानत भेजिए, कोई इन मकानों में आता ही नहीं। तख़्तियों के दाम अलग गए।"

"अपने मुल्क में राजनीतिक पार्टियाँ तो बहुत हैं।" शौक़ साहब ने सामने लगे हुए राजनीतिक पार्टियों के बोर्ड की तरफ़ देखते हुए कहा। "अगर तमाम पार्टियाँ अपने-अपने दफ़्तर के लिए इन मकानों को ले लें तो आपका मसला हल हो जाए।"

"साली लेतीं जो नहीं।" खाँ साहब ने सड़क पर पिच से थूकते हुए कहा। मास्टर साहब पान खाकर आगे बढ़ गए। खाँ साहब वहीं तख़्ते पर बैठ गए और हसरत से मकानों पर लगी हुई तख़्तियों को देखने लगे।

अँधेरा ही अँधेरा

शेख कलूट नफ़ीसन को ब्याह लाए।

कल्लू ने तो ख़ैर निकाह में शिरकत ही नहीं की। वह हस्बेमामूल सुबह को दुकान पर चला गया। कोई आठ बजे शेख कलूट का निकाह हुआ और

दुल्हन रुख़्सत होकर आ गई। आँखों में सुरमा लगाए हुए शेख कलूट दुल्हन पर निसार हो रहे थे और शरीफ़न की मासूम आँखें हैरान थीं कि आख़िर ये क्या हो रहा है, अभी कोई एक महीने पहले की बात है कि नफ़ीसन की गुड़िया से उसने अपने गुड्डे का ब्याह किया था। नफ़ीसन ने दहेज़ में बीड़ी काटने का एक पत्ता और एक नन्ही कैंची और पत्ते का एक बंडल दिया था और अब वही नफ़ीसन उसकी माँ बनकर घर में आ गई थी।

मुहल्ले में इस शादी की चैमिगोइयाँ (कानाफूसी) हो रही थीं। लोग मंगरू, शेख कलूट और कल्लू तीनों को बुरा कह रहे थे। सिर्फ़ शेख मदारन की जबान बंद थी क्योंकि मेहताब की शादी कल्लू से करनी थी। और वह इस शादी पर एक हद तक खुश थे कि चलो एक काँटा तो दूर हुआ। वरना उन्हें नफ़ीसन की तरफ़ से शदीद ख़तरा था। एक तो नफ़ीसन की शक्ल महताब से कुछ अच्छी थी। दूसरे यह कि नफ़ीसन कलूट की पड़ोसी थी, हर वक़्त आती जाती रहती थी। इसलिए जब मदारन ने सुना कि नफ़ीसन की शादी कलूट से हो रही है तो उन्होंने इत्मीनान की साँस ली। अब मुहल्ले की कोई लड़की महताब और कल्लू के दरम्यान नहीं आ सकती।

कल्लू इन चैमिगोइयों से बेख़बर दुकान पर था। और आरज़ू खिड़की में थी और दुकान पर कई तमाशाई मौजूद थे कि पुलिस ने कल्लू की दुकान पर छापा मारा। बाज़ार में सन्नाटा हो गया। तमाशाई फट गए।

और उस वक़्त कल्लू की हैरानी का कोई ठिकाना नहीं रहा। जब पुलिस ने उसकी दुकान से कोकीन बरामद कर ली। वह फटी-फटी आँखों से उस सफ़ेद गुबार को देखता रहा जिसका नाम भी उसने पहली बार सुना था।

पुलिस ने जाब्ते की कार्रवाई शुरू की, कोकीन का पैकेट एक कपड़े में सिया गया। गवाहों की मौजूदगी में उस पर मुहर लगी। फिर पुलिस ने कल्लू को गिरफ़्तार कर लिया, पान की दुकान बंद हो गई, कल्लू को पुलिस वाले लेकर कोतवाली चले गए।

कोई दो सवा दो घंटे के बाद एक होली में गजाधर को किसी ने यह कहते सुना कि "आया था साला आरज़ू को नौकर रखने, अब देखेंगे नुसरतुल्लाह मियाँ उसे क्योंकर बचाते हैं।" यह ख़बर घूमती फिरती नुसरतुल्लाह के यहाँ पहुँची। अब तो नक़्शा और ही था। नुसरतुल्लाह को कल्लू की गिरफ़्तारी की ख़बर मिल गई थी लेकिन उसने उसे कोई अहमियत नहीं दी

थी। मगर जब गजाधर का चैलेंज पहुँचा तो नुसरतुल्लाह की छोटी-छोटी आँखें चमक उठीं और थोड़ी ही देर के लिए नुसरतुल्लाह के एक मुनीम ने कल्लू की ज़मानत ले ली। उस ज़मानत के सिलसिले में पुलिस के पान पत्ते पर जो डेढ़-दो सौ रुपए ख़र्च हुए वह कल्लू ने ख़र्च किए, फिर भी वह नुसरतुल्लाह का एहसानमन्द था, वरना इस ज़माने कौन किसी का साथ देता है।

"पुलिसवाले ज़मानत से इनकार कर रहे थे, उनका कहना था कि मुलाज़िम पाकिस्तान चला जाएगा, तब मैंने जज साहब से बातचीत की और जज की अदालत ने ज़मानत मंजूर कर ली। मैं न होता तो ज़मानत न होती।" मास्टर ख़लील ने कहा।

"हाँ मास्टर साहब, आपकी बड़ी मेहरबानी है।" कल्लू बोला।

"जज के पेशकार को बीस रुपए देने पड़े।"

"मैं रुपए दे दूँगा मास्टर साहब।"

घर जाकर उसने अपनी नई माँ को नहीं देखा, पहले उसे मास्टर साहब का कर्ज़ अदा करना था। मास्टर साहब ने बीस रुपए ले लिए। फिर कल्लू के यहाँ से सीधे जज के पेशकार के यहाँ पहुँचे।

"शर्मा जी बेचारा ग़रीब आदमी था। फिर भी पान पत्ते के लिए बीस रुपए हाजिर हैं।"

"बीस तो बहुत कम हैं मास्टर साहब, अब आप देखिए पुलिसवाले ख़िलाफ़ थे, मजिस्ट्रेट ने इनकार कर दिया था।"

"भई अब मैं क्या करूँ, मुझे 12.5 प्रतिशत ही दे दीजिए, मैं ही नुकसान उठा लूँगा।"

"नहीं मास्टर साहब, यह सब तो होता रहता है।"

मास्टर साहब पेशकार साहब से अपने हिस्से के पाँच रुपए लेकर सीधे कोतवाली पहुँचे, वहाँ भी उन्होंने ही दाम बढ़ा दिया था। वहाँ से अपने हिस्से के पच्चीस रुपए लेकर वह फिर बाज़ार में आ गए। चन्द घंटों में चालीस रुपए अलग मिले, कोतवाल अलग खुश हुए। पेशकार साहब से अलग ताल्लुकात बढ़े। कल्लू एहसानमन्द हुआ। और नुसरतुल्लाह से राह, रसम बढ़ाने का अलग मौक़ा मिला। मास्टर साहब बहुत मुतमइन थे, हफ़्ते में दो दिन ऐसे आ जाया करें तो ज़िन्दगी बहुत ख़ूबसूरत मालूम होने लगे।

मास्टर साहब एक चायखाने में घुस गए। छोटी-छोटी गन्दी प्यालियों में ओंटी हुई चाय मिल रही थी। मैले कपड़े पहने हुए और कन्धों पर कपड़ों

से ज़्यादा मैले तौलिए डाले हुए दो लौंड़ें लपक-लपककर ग्राहकों के आर्डर ले रहे थे।

"एक चाय दो समोसा।"

"एक प्लेट कबाब।"

"एक सिंगल।"

चायखाना शबाब पर था। मास्टर साहब कोने की एक मेज़ की तरफ़ बढ़े ही थे कि किसी की आवाज़ सुनकर रुक गए। नूर मुहम्मद खाँ उन्हें आवाज़ दे रहा था।

"मास्टर साहब तनी इधर आइए।"

मास्टर साहब उधर ही चले गए। एक बड़ी मेज़ के गिर्द कई आदमी बैठे हुए थे। मास्टर साहब नूर मुहम्मद के अलावा किसी का नाम नहीं जानते थे। सूरत आशना ज़रूर थे। मास्टर साहब उन लोगों पर एक उचटती हुई निगाह डालकर बैठ गए।

"चाय पीहो।"

"हाँ।"

"ए लड़के, एक प्याली चाय"। खान साहब ने हाँक लगाई। लड़के ने चश्मे-जदन में चाय ला दी। मास्टर साहब ने प्याली से तश्तरी में उड़ेलकर गरम चाय का एक सुड़ा लिया। तब एक कैंची सिगरेट सुलगा कर वह नूर मुहम्मद की तरफ़ देखने लगे।

"ई सरकार कैसा ऐक्ट पास कर दिहिन है भाई।" नूर मुहम्मद खाँ ने मास्टर ख़लील से कहा, जैसे उस ऐक्ट के पास करवाने की सारी जिम्मेदारी मास्टर ख़लील पर हो।

नूर मुहम्मद का एक मकान था। 'इशरत गंज' में उसके कई मकान थे। आरज़ू भी उसी की किराएदार थी।

"खान साहब वह बात यह है...।"

"अरे रहने दो अपनी बात का, का कहना तोरी सरकार का...।" खान साहब अपनी बात कहना चाहते थे कि मकानात खाली हो जाएँगे तो उनमें मास्टर साहब और राम अवतार सिंह सदर कांग्रेस कमेटी और होम मिनिस्टर के बाल-बच्चे रहेंगे। क्या खान साहब और उनके बच्चे उन मकानों की दीवारों की ईंट खुरच-खुरचकर खाएंगे और इन मकानों में लगने वाले मकड़ी के जाले का लिबास पहनेंगे...। तूही कुछ करो मास्टर साहब, दिल्ली जाओ, अपने एम.पी. साहब से कहो, मिनिस्टर साहब से कहो।"

"दिल्ली जाने में ख़र्च होता है खाँ साहब।"

"ख़र्च हम देंगे।"

थोड़ी ही देर में बात तय हो गई कि मास्टर साहब उन मकानदारों की तरफ़ से दिल्ली जाएँगे। होम मिनिस्टर साहब से बात तय करके इस ऐक्ट को ख़त्म करा देंगे। दिल्ली आने-जाने का किराया। चौबीस रुपए छः आने और दिल्ली में खाने-पीने के लिए बीस रुपए और दस रुपए ऊपरी ख़र्च के लिए, चौंसठ रुपए छः आने में मामला तय हो गया। खान साहब और उनके साथी मुतमईन हो गए कि होम मिनिस्टर साहब को असली हालत का इल्म नहीं था। मास्टर साहब जब उन्हें तमाम ऊँच-नीच समझा देंगे तो वह फ़ौरन उस ऐक्ट को तोड़ देंगे। मास्टर साहब सोच रहे थे कि दिल्ली की सैर हो जाएगी।

चायखाने से निकलकर मास्टर साहब दिल्ली की तैयारियों के लिए घर चले गए और खान साहब ने किराया वसूली का काम शुरू किया। बल्कि उनका यह प्रोग्राम था कि इस ऐक्ट के टूटने से सिर्फ़ मकानदारों को ही फ़ायदा तो है नहीं, आख़िर रंडियों का भी भला होगा। तब फिर यह चौंसठ रुपए छः आने मकानदार क्यों ख़र्च करे, रंडियों को ख़र्च करना चाहिए।

आरज़ू ही का कोठा सामने पड़ा। वह ऊपर चले गए। आरज़ू की माँ बाल-बच्चों की खैरियत पूछने लगी। आरज़ू पान बनाने लगी। और खान साहब ने ज़माने की ख़राबी का रोना रोना शुरू कर दिया। हाँ पान की दो गिलेरियों खाने के बाद जब ज़माने के हालात कुछ बेहतर हो गए तब उन्होंने 'सरकारी ऐक्ट' की बात शुरू की, फिर मास्टर साहब के दिल्ली जाने की बात निकली, फिर दिल्ली के अख़राजात (ख़र्च) का ज़िक्र निकला। भला आरज़ू की माँ को उस कारे-ख़ैर (अच्छे काम) में शिरकत करने से कहाँ इनकार हो सकता था।

खाँ साहब अपने किराएदारों के अलावा दूसरों के किराएदारों के यहाँ भी गए और नतीजे में मास्टर साहब को चौंसठ रुपए देने के बाद खाँ साहब को एक सौ दस रुपए की बचत हुई और जब मास्टर साहब ने मजीद छः आने माँगे तो खाँ साहब ने बड़े शिकायती लहजे में कहा "का भाई, अब हमरे लिए छः आने न ख़र्च किया जाता है।" मास्टर साहब ने सोचा चलो जाने दो किराए के तो बाईस रुपए दस आने ही होते हैं। खाँ साहब के सिर छः आने का अहसान ही सही!

चौथे दिन मास्टर साहब दिल्ली से हाफ़ रेट पर 'मदर इंडिया' और 'नया दौर' देखकर वापस आ गए। अपनी बाँझ बीवी के लिए वह एक उम्दा-सी सैंडल लाए थे।

"का हुआ भाई।" खाँ साहब ने पूछा।

"अपनी तरफ़ से तो मैंने सब कुछ किया खाँ साहब, मगर दिक्क़त यह है कि ऐक्ट बन चुका है, बस अब लागू होनेवाला हो, फिर भी मैंने होम सैक्रेट्री से मुआमलात तय कर लिए हैं। अगर एक हफ़्ते में पाँच हज़ार की रकम उनकी जेब में पहुँच जाए तो उन्होंने मुझसे वादा किया है कि वह इस ऐक्ट को तोड़ देंगे।"

"पाँच हज़ार।"

"यह कोई ऐसी बड़ी रकम नहीं है खाँ साहब, कोई दो सौ रंडियाँ ही हैं यहाँ, पचास-साठ के करीब आप लोग हैं। कोई सौ के लगभग साज़िन्दे (संगीतकार) हैं। पाँच हज़ार की रकम यूँ वसूल हो सकती है, यूँ।"

मास्टर साहब ने चुटकी बजा दी। "लखनऊ की रंडियों ने पचीस हजार भेजे हैं, बम्बई की रंडियों ने दो लाख, कलकत्तावालियों ने भी दो लाख भेजे हैं और ख़ुद दिल्लीवालियों ने दो लाख अस्सी हज़ार रुपए दिए हैं और आपकी आँख पाँच हज़ार में निकली जा रही है और नहीं हो सकते तो जाने दीजिए, मैं होम सैक्रेट्री साहब को लिख दूँगा कि यहाँ के लोग इस ऐक्ट के हक़ में हैं।"

"एक हफ़्ते की मोहलत दी हो?"

"ज़रूर"।

बात ख़त्म हो गई, नूर मुहम्मद खाँ ने निहायत खुलूस से चन्दा इकट्ठा करना शुरू किया। यह रोज़ी का सवाल था। उनकी रोज़ी का सवाल और दो सौ रंडियों और सवा सौ साज़िन्दों की रोज़ी का सवाल था। यह बाज़ार उजड़ा तो सैकड़ों घर उजड़ जाएँगे। रंडियों ने जी खोलकर इस अच्छे काम में हिस्सा लिया। हद तो यह है कि ठिकानों ने भी कंजूसी नहीं की। कई जेवरात बिक गए। उस्ताद नेजात ने अन्जुम के दहेज के लिए बनवाई हुई एक बिजली बिसली बेच डाली, साढ़े पाँच हज़ार इकट्ठा हुए। इस बीच मास्टर ख़लील साहब भी बहुत मश्गूल रहे। उनकी बीवी लड़कर मायके चली गई और उन्होंने घबराकर अपना आबाई मकान नुसरतुल्लाह के हाथ बेच डाला। पाँच सौ में नुसरतुल्लाह ने मकान का सारा सामान ख़रीद लिया।

नूर मुहम्मद खाँ जिस दिन पाँच हज़ार की थैली और चौंसठ रुपए छः आने आमद व रफ़्त (आने जाने के) के अख़राजात के लिए दिए उसी दिन वह रवाना हो गए।

पहले वह अपनी ससुराल गए। ससुराल वालों ने मुर्ग काटा, मास्टर साहब बरसों के बाद ससुराल गए थे। दो वक़्त दावत खाकर बीवी समेत बम्बई चले गए और वहाँ एक बहरी जहाज (पानी वाले जहाज) पर सवार होकर कराची चले गए।

एक नए मुल्क़ में नई ज़िन्दगी शुरू करने के लिए आठ हजार पाँच सौ चौंसठ रुपए छः आने बहुत होते हैं।

नूर मुहम्मद खाँ और दूसरे मकानदार, रंडियाँ और साज़िन्दे मास्टर साहब की राह देखते रहे। फिर धीरे-धीरे यह ख़बर शहर में गश्त करने लगी कि मास्टर ख़लील और उनकी बीवी का झगड़ा फर्ज़ी था और यह पाकिस्तान भागने का बहाना था।

नुसरतुल्ला खुश था कि चार-पाँच हज़ार का मकान उसे तीन हजार में मिल गया। शहर की रंडियों और साज़िन्दों और मकानदारों में अलबत्ता खलबली थी। नूर मुहम्मद खाँ अलग परेशान थे। क्योंकि रंडियों और साज़िन्दों के हलकों में यह ख़बर गश्त कर रही थी कि सब मिली-भगत थी। खाँ साहब ने भी इस लेन-देन में हिस्सा पाया है।

नतीजा यह हुआ कि शाम को बीच बाज़ार में चन्द भड़ुओं ने खाँ साहब को मार कर गिरा दिया। कुछ दुकानदारों ने उठाकर उन्हें अस्पताल पहुँचा दिया। पुलिस वालों ने खाँ साहब के बयान पर पन्द्रह आदमियों को गिरफ़्तार किया और कई जेवर उनकी तिजोरी में पहुँच गए।

यह बात बहुत दिनों के बाद मालूम हुई कि मास्टर ख़लील ने किस तरह पाकिस्तान की सरकार को एक दुखभरी कहानी सुनाई। इतनी दुखभरी कि पाकिस्तान सरकार तक को फिरेरी आ गई। नतीजे में उन्हें बीस हज़ार की मदद मिली। और उन्होंने कराची में सीख कबाबों की एक दुकान खोल ली। कबाब हाऊस। यह एक अच्छी साफ़ सुथरी दुकान थी। पूरबी यू.पी. के मुहाजिरीन में ख़ासतौर पर मशहूर हुई। अब सुना जाता है कि कबाब हाउस आकर कबाब खाते हैं। और कबाब हाउस छः से डेढ़ बजे तक और शाम को पाँच से बारह बजे तक खुला रहता है। मास्टर साहब के पास एक कार है। दूसरे कई कारोबार

में हिस्सेदार हैं और पाकिस्तान सरकार की निगाहों में मुहाजिरीन के हकीक़ी नुमाइन्दे हैं और यह भी सुना जाता है कि अब वह सियासत मे हिस्सा लेना चाहते हैं।

एक ऐक्ट हज़ारों मंज़र

केमिकल्स एक्ज़ामिनर के यहाँ से रिपोर्ट आ गई कि जो चीज़ कल्लू की दुकान से बरामद हुई थी वह कोकीन थी। इस रिपोर्ट के आते ही पूरी सरकारी मशीन हरकत में आ गई। मुकदमा शुरू हुआ और मुकदमों के साथ ही मेहनतानों, नज़रानों और रिश्वतों का एक सिलसिला शुरू हो गया। पान की दुकान बोझ नहीं उठा सकती, उसे दुकान पर बैठने की फ़ुर्सत नहीं मिलती थी। कभी वकील के यहाँ हैं, तो कभी कोतवाली और फिर कचहरी की दौड़।

लल्लन ने इस मौक़े का फ़ायदा उठाया। वह पान का खोमचा लगाकर कल्लू की दुकान के पास ही बैठने लगा। कल्लू की दुकान बंद होती तो बंद दुकान के कपड़े पर बैठ जाता।

ग्राहकों की कल्लू पानवाले से कोई दिलचस्पी नहीं थी, उन्हें तो आरज़ू की दुकान के सामने पान की एक दुकान की ज़रूरत थी। वह कल्लू हो या अवतार या लल्लन।

नुसरतुल्ला ने कल्लू और कोकीन में कोई दिलचस्पी नहीं ली। वह जानता था कि कोकीन बरामद हुई नहीं, कोकीन बरामद करवा ली गई है। उसे यह भी मालूम था कि उसी कोकीन के बरामद किए जाने में गजाधर का हाथ है। उसे यह मालूम था कि यह हमला कल्लू पर नहीं उस पर है। फिर भी उसने इस मामले में कोई दिलचस्पी नहीं ली...वह भी लल्लन की दुकान से पान खाने लगा।

मजिस्ट्रेट ने डेढ़ बरस की सजा कर दी। पाँच सौ ज़ुर्माना ऊपर से हुआ। अदायगी न करने की सूरत में छः महीने की कैद-ए-बामशक्क़त और कल्लू ने अपील की। फिर पेशियों और मेहनतानों, नज़रानों और रिश्वतों का सिलसिला शुरू हुआ। आख़िर में सज़ा बहाल रही। कोर्ट में अपील हुई तो कल्लू को नुसरतुल्लाह के यहाँ जाना पड़ा।

"सलामअलैकुम भैया।"

वह बैठ गया। नुसरतुल्लाह दुकान के कामों में लग गया। कल्लू चुप बैठा रहा। कोई नौ बजे जब दुकान बंद होने लगी तब वह कल्लू से मुख़ातिब हुआ।

"कैसे आए थे?"

"अपील किया है न।"

"अच्छा।"

"अब पैसा न है।"

"भई आजकल बाज़ार बहुत मन्दी है।"

"थोड़ा-सा कर्ज़ दे देते।"

"वह तो सब ठीक है, मैं तो कहता हूँ कि चुपचाप सजा काट आए होत्ये। छः महीने की सजा ही रही न। छः महीने में का रखा है। बिला वजह हज़ार दो हज़ार ख़र्च होई। हज़ार पाँच सौ और ख़र्च होहियै। का फ़ायदा ई रुपया रहता तो जब छूट के अइत्यो तो काम आता।"

"हम ई कहते रहे भैय्या कि मकनवा रहिन ले लियो।"

"हम रहिन न लेंगे। बेच देयो खरीद लेंगे।"

"तो रहेंगे कहाँ भैय्या।"

"सोच ल्यो, हम कोई ज़बरदस्ती तो करते नहीं।"

ठीक ही था। वह कोई ज़बरदस्ती तो कर नहीं रहा था। कल्लू चुपचाप घर चला आया। शेख कलूट आँगन में हुक्का पी रहे थे। नफ़ीसन उनका बदन दबा रही थी। शरीफ़न एक खटोले पर लेटी सितारों में फूल पत्तियाँ काट रही थी। वह चुपचाप लेट गया। लालटेन की मद्धिम रोशनी में उसे अपना मकान किसी अजनबी का मकान मालूम हो रहा था।

थोड़ी ही देर में शेख कलूट के ख़र्राटों की आवाज़ आने लगी। नफ़ीसन ने बदन दबाना छोड़ दिया। वह कटोरा पानी पीकर लेट गई। शरीफ़न भी सितारों में फूल पत्तियाँ तराशते-तराशते थक गई तो आँखें बंद करके न मालूम क्या-क्या सोचने लगी। मगर कल्लू जागता रहा। उसे पैसों की ज़रूरत थी। नुसरतुल्लाह मकान रहिन रखने पर तैयार नहीं था। तो क्या मकान बेचना ही पड़ेगा। एक-एक ईंट ने फरियाद की। हर ईंट से ख़्वाबों की सब्ज़ व सुर्ख़ परियाँ निकलीं। कल्लू क्या तुम हमें बेच दोगे। कल्लू क्या तुम हमें बेच दोगे। कल्लू क्या तुम हमें...

सुबह सवेरे ही नुसरतुल्लाह के यहाँ गया। नुसरतुल्लाह अभी दुकान पर नहीं गया था। सलाम करके वह एक तरफ़ बैठ गया।

"ख़रीद लीजिए भैय्या।"

"आठ सौ से ज़्यादा नहीं दूँगा।"

"आठ सौ...?"

"और क्या लाखों, दो-चार लाख?"

"नाही भैय्या, दो-चार लाख का लेंगे।" वह यही कहकर रह गया असल में वह यह कहना चाहता था कि दो हज़ार रुपया लगाकर तो उसने एक खँडहर को 'कल्लू मंज़िल' बनाया था।

"चलो रजिस्ट्री का रुपया मैं दे दूँगा।"

"अच्छा भैय्या।"

"खाली कब करोगे।"

"जब कहोगे भैय्या।"

उसी दिन 'कल्लू मंज़िल' बिक गई। शाम को कल्लू आठ सौ रुपए में अपनी तमाम तमन्नाएँ, अपने अनगिनत ख़्वाब नुसरतुल्लाह के हाथ बेचकर घर लौटा तो घर वालों से आँखें मिलाने की हिम्मत नहीं थी।

"ई घरवा हम बेच दिया बाबा।" यह कहकर वह लेट गया। शरीफ़न ने कुछ नहीं कहा। नफ़ीसन भी ख़ामोश रही। मगर कलूट ख़ामोश न रह सका। वह बहुत बिगड़ा। "बाप दादा की चौखट बेचते शर्म नहीं आती।"

कल्लू सुनता रहा। आख़िर बिलबिला उठा, "तो जेल चले जाएँ।" कलूट उस सवाल का जबाव 'हाँ' में नहीं दे सकता था। चुप रह गया। वह जब सिर्फ़ कलूट था। उसके पास एक बेनाम मकान था। जब वह कलूट से शेख कलूट हुआ तो कल्लू मंज़िल में रहने लगा। और अब कल्लू मंज़िल बिक चुकी थी।

कल्लू ने दो-चार दिन में पाँच रुपए महीने पर एक खँडहर ले लिया। उसी दिन मंगरू, नफ़ीसन को ले गया। और शाम को शेख मदारन ने कलूट को मंगरू का यह संदेश दिया कि अब नफ़ीसन वहाँ नहीं जाएगी। नफ़ीसन की शादी कहीं और हो जाएगी। कलूट ने कुछ नहीं कहा। वह तो यह देख रहा था कि अब सुबह को कोई नहीं आता। हुक्का ख़मीरा से आठ सीरे पर आ गया है। ऐसे में भला वह नफ़ीसन को लाने की हिम्मत क्या करता। उसने सोचा चलो एक पेट कम हुआ।

तीन चार दिन के बाद एक दिन तन्हाई से उकता कर कलूट शेख मदारन के यहाँ चला गया। तब दबते-दबते कलूट ने कल्लू और महताब की शादी की बात निकाली। शेख मदारन ने साफ़ इनकार कर दिया। वह एक कोकीन फरोश से अपनी बेटी नहीं ब्याह सकते और अब कलूट के पास है

क्या कि किसी की बेटी ब्याहने का हौसला करे। महताब की शादी तो बनारस में एक जगह तय हो रही है, लड़का अदालत में पेशकार है, दस-बीस रुपए रोज़ की तो ऊपर की आमदनी है...।

कलूट लौट आया।

रहा कल्लू, तो उसे तो यह भी नहीं याद था कि उसने कब से शरीफ़न की शादी और अपनी महताब की शादी का ख़्वाब भी देखा है। वह तो मुकदमा लड़ रहा था। एक अदालत से दूसरी अदालत में तीसरी अदालत में और रास्ते में न जाने कितने ख़्वाब शीशे के बर्तनों की तरह गिर-गिरकर टूट चुके थे। सिर्फ़ एक आरज़ू रह गई थी कि हाईकोर्ट मवाफ़िक फ़ैसला दे दे। उसके वकील ने तो पक्का वादा किया था कि वह उसे छुड़ा लेगा। पाँच सौ में मुआमलात तय हुए थे।

मगर वकील कल्लू को न छुड़ा सका। सुप्रीम कोर्ट न जा सका तो जेल चला गया। वह सिर्फ़ इस पर हैरान था कि उसने तो कभी कोकीन नहीं बेची। लेकिन अदालत ने उसे कोकीनफ़रोश ठहरा दिया। उसे क्या मालूम था अदालतें अपने कमरों से नहीं निकलतीं और ज़राएम उनके कमरों में नहीं होते। वह काग़ज़ों की बात मानते हैं। काग़ज़ झूठ नहीं बोलते। वह कल्लू की आँखों में झाँककर उनकी हैरानी नहीं देख और नहीं सोच सकती कि मुज़रिम आख़िर इतना हैरान क्यों है। वह सिर्फ़ यह देख सकती कि दफ़ा 60 एक्साइज़ ऐक्ट में मुलज़िम का चालान हुआ। उसके यहाँ से गवाहों की मौजूदगी में जो सफ़ेद सफ़ूफ बरामद हुआ था उसे केमिकल एक्ज़ामिनर ने कोकीन ठहरा दिया है। उनके लिए इतना जान लेना काफ़ी है। उन्हें इससे क्या मतलब कि मुलज़िम तो कोकीन का नाम भी नहीं जानता था। उन्हें इससे क्या कि मुलज़िम ने कल्लू मंज़िल बेच डाली है। उन्हें उससे क्या कि मुलज़िम शरीफ़न की शादी के ख़्वाब देखा करता था। उन्हें उससे क्या कि मुलज़िम महताब से शादी करना चाहता था। और अब महताब का बाप उसकी निस्बत कहीं और लगा रहा है। उन्हें उससे क्या कि जेल चले जाने के बाद जवान होती हुई शरीफ़न और बूढ़े कलूट का क्या होगा। काग़ज़ों ने कहा कि कल्लू मुज़रिम है। नीचे से ऊपर तक अदालतों ने मान लिया कि वह मुज़रिम है...काश इंसाफ़ इतना बेबस न होता।

कल्लू जेल चला गया। लल्लन खाँ ने इतमीनान की साँस ली। वह दुकान के मालिक के पास गए कि उस दुकान को हासिल करें। मगर मालिक दुकान परले दरजे का अहमक (बहुत बड़ा बेवकूफ़) निकला।

"नहीं लल्लन खाँ। मैं कल्लू की मजबूरी का फ़ायदा नहीं उठाऊँगा। यह दुकान कल्लू का इन्तज़ार करेगी।"

लल्लन खाँ मायूस होकर लौट आए। अड़ोस-पड़ोस के दुकानदारों ने पूछा कि क्या हुआ तो लल्लन खाँ ने सारा वाकया सुना डाला।

"साला शायर है न।" एक दुकानदार ने कहा, "उन सभों के पास अक़्ल नहीं होती।" वह शायद कुछ और कहता मगर मालिके दुकान को आता देखकर चुप रह गया। "आइए शौक़ साहब, पान खाइए।"

"शुक्रिया" शौक़ साहब आ गए। लल्लन खाँ पान लगाने लगे। "भई लल्लन खाँ, मैंने सोचा कि जब तक कल्लू छूट के नहीं आ जाता तब तक चाहो तो दुकान को इस्तेमाल कर लो।"

"नहीं मियाँ, ओके बाद का करेंगे।"

"तुम जानो।" पान की इकन्नी फेंककर शौक़ साहब चले गए।

शौक़ साहब वाकई शायर क़िस्म के आदमी थे। खाता-पीता घर था चार-पाँच दुकानों का किराया आता था। कुछ कहानियाँ-वहानियाँ लिखने से मिल जाता था। मुस्लिम स्कूल में इतिहास के टीचर थे। यार-दोस्तों में बैठकर शेर भी कह लिया करते थे।

लल्लन खाँ की दुकान से कुछ ही आगे गए थे कि 'ख़ान टी हाउस' से कुछ लोग आवाज़ें देने लगे। मास्टर साहब नाली में पीक गिरा कर चायख़ाने में चले गए।

हम लोगों में यह बहस हो रही थी कि जो एन्टी प्रास्टीट्यूशन ऐक्ट बना है यह बड़ा मुबारक़ क़दम है।" एक साहब ने कहा, "लेकिन इन साहब का कहना है इससे ज़्यादा ज़रूरी काम पड़े हैं।"

"असल में सोचना इस पर चाहिए कि रंडियाँ वजूद में कैसे और क्यों आती हैं। ऐक्ट इस बाज़ार को उजाड़ सकता है। रंडियों को ख़त्म नहीं कर सकता। उस कारख़ाने को बंद करने की कोशिश करनी चाहिए और जहाँ रंडियाँ ढलती हैं, कोकीन से मलेरिया अच्छा हो जाता है। बंद नहीं होता।" शौक़ साहब बोले।

"तो आपका मतलब है, रंडियों को बाज़ार में रहने दिया जाए ताकि बाहरी मुमालिक के सैय्याह आएँ और देखें कि यहाँ जिस्म की तिजारत होती है।"

शौक़ साहब हँस दिए। "जिस्म की तिजारत कहाँ नहीं होती?"

"यह मुल्क ग़रीब है। यहाँ जिस्म नहीं बिकेंगे तो और क्या होगा?"

"अमेरिका तो ग़रीब मुल्क नहीं है भाई! यह सवाल ग़रीब का नहीं है। समाजी ढाँचे का सवाल है जब यहाँ रिक्शा चलना शुरू हुआ तो मैं बरसों रिक्शे पर नहीं बैठा। अजीब लगता था। आदमी-आदमी को खींच रहा है। लेकिन अगर सारे लोग मेरी ही तरह सोचने लगे, तो रिक्शेवाले भूखों मर जाते। और अब तो मैं भी बैठता हूँ रिक्शे पर और एक बार भी यह ख़याल नहीं आता कि आदमी-आदमी को खींच रहा है। और अब देखो बाज़ार में एक्का नज़र नहीं आता। कचहरी के वक़्त देहात से एक्के आ जाते हैं तो घोड़ों के घुँघरू की आवाज़ अजीब मालूम होती है।

"यानी आप इसके हक़ में है कि रंडियाँ बाज़ार में रहें।"

"लाहौल वला कुव्वत, मैं कैसे कह सकता हूँ। मैं ही क्यों कोई यह नहीं कह सकता। मैं सिर्फ़ यह सोचता हूँ कि यह यहाँ से उठेंगी तो कहाँ जाएँगी और फिर इन मकानों का क्या होगा। कौन रहेगा? इन मकानों में अपनी बहनों और बेटों को लेकर? इस बाज़ार का खोल टूटेगा तो यह जहर हमारी समाजी और घरेलू ज़िन्दगी में सिरायत (समा) जाएगा। उनकी ओल्टी का पानी हमारे आँगनों में गिरेगा। हमारी ओल्टियों का पानी उनके आँगनों में गिरेगा। और हाँफते हुए मुतवस्सित (अच्छे) तबके की लड़कियाँ उनकी ओल्टियों से गिरे हुए पानी में बह जाएँगी। क्या तुम अपने पड़ोस में बसाओगे।" शौक़ साहब ने तेज़ी से सवाल किया।

"लाहौल वला कुव्वत।" जवाब मिला।

शौक़ साहब हँस दिए, "बस एक ऐक्ट के हक़ में बोलना बड़ी जिम्मेदारियों का मुतालबा करता है। मौजूदा समाज में इस ऐक्ट के हक़ में बोलने का हक़ सिर्फ़ उन्हें है जो उन्हें अपने पड़ोस में बसाने का हौसला रखता हो। और जिसमें यह भूल जाने की हिम्मत हो कि कल तक क्या थी जो उनसे रिश्ता कर सकता हो, मैं नहीं कर सकता। इसलिए मैं इस ऐक्ट के हक़ में नहीं हूँ। क्या तुम इस ऐक्ट के हक़ में हो?" इस सवाल के बानी ने जोश की आग ठंडी कर दी। शौक़ साहब मुसकराने लगे। "और तुम और हम जैसे हज़ारों, लाखों लोग भी अगर इस ऐक्ट के हक़ में हो जाएँ तब भी सवाल हल नहीं होगा। कोई मुल्क लड़कियों के रंडी बनने के तादाद और शुमार नहीं रखता। वरना तुम्हें ख़ुद मालूम हो जाता कि ऐक्ट कितना बोदा और कितना नाकारा है। दुकानें बंद हो जाएँगी तो यह फेरी लगा लेंगे। लल्लन पान वाले की तरह जिसे मैंने दुकान नहीं दी है।"

चायख़ाने में सन्नाटा हो गया। शौक़ साहब चायख़ाने से निकल आए।

मुनादी–

"प्यारे भाइयो, पहली अप्रैल से रंडियों के यहाँ जाना कानूनन जुर्म करार दे दिया गया है।" शौक़ साहब के होठों पर एक तल्ख़ मुसकराहट आ गई। उन्होंने बड़ी बेतक़ल्लुफ़ी से आँखें उठाकर उन रंडियों की तरफ़ देखा जो अपनी खिड़कियों से मुनादी की आवाज़ सुन रही थीं।

शौक़ साहब एक तरफ़ चले गए। मुनादी करने वाला दूसरी तरफ़ चला गया। रंडियाँ खिड़कियों पर चुप-चाप बैठी सड़क पर आने-जानेवालों को देखती रह गईं और सड़ मुनादी और एन्टी प्रास्टीट्यूशन ऐक्ट से बेख़बर अपने गड्ढ़ों के पेबंद लगा धूप खाती रहीं।

महीने की पहली तारीख़ को कलेक्टर साहब ने 'इशरत गंज' Red light area को करार दे दिया। उसी दिन रंडियों की कई दुकानों पर एक बोर्ड लग गया 'यहाँ सिर्फ़ गाने-बजाने का काम होता है।' जैसे अक़सर हलवाइयों की दुकान बोर्ड होते हैं कि 'यहाँ सिर्फ़ देसी घी की मिठाइयाँ बनती हैं।' एक बजते-बजते पुलिस ने छापे मारने शुरू किए, चालीस आदमी गिरफ़्तार हुए। 'शोर्फ़ाए शहर' तो पान पत्ता खिलाकर छूट गए, कमीने लोग हवालात में बंद कर दिए गए।

दूसरी तारीख़ को शहर में दो सौ रंडियों और सवा सौ साज़िन्दों ने एक जुलूस निकाला, जुलूस नारे लगा रहा था।

"हम कहाँ जाएँ?"

"हम क्या करें?"

शहर के लोग इन बातों की अहमियत से बेख़बर तमाशबीन (दर्शक) बने रहे। जुमले फेंकते रहे। स्कूल की खिड़कियों से लड़कियों ने इस जुलूस का तमाशा देखा। जुलूस घूमता रहा। फिर यह जुलूस कई टुकड़ों में अलग हो गया। एक टुकड़ी कलक्टर के दरवाज़े पर धरना देकर बैठ गई। दूसरी कांग्रेस के दफ़्तर पर, तीसरी पी.ए.सी. के दफ़्तर पर और चौथी कम्युनिस्ट पार्टी के दफ़्तर पर। जनसंघ के दफ़्तर पर धरना नहीं दिया गया था। मगर दोपहर होते-होते चन्द रंडियों ने जनसंघ के दफ़्तर पर धरना दे दिया।

तीसरे पहर को कलेक्टर ने उन रंडियों को हाज़िर होने का हुक़्म दिया। रंडियों ने कहना नहीं माना तो चुन-चुन के जवान और ख़ूबसूरत रंडियों को तमाम रंडियों का नुमाइन्दा करार देकर पुलिस ने गिरफ़्तार कर लिया। उन नुमाइन्दों की रातें हवालात में नहीं गुजरीं, पुलिस के क्वाटरों में गुज़रीं।

तीसरी तारीख़ को रंडियों ने शहर से भागना शुरू किया। शहर में किसी ने यह नहीं समझा कि यह कहाँ जा रही हैं...। यह रंडियाँ महलों में जा रही थीं और देहातों में जा रही थीं।

चन्द होशियार दलालों ने एक और तरीका निकाल लिया था। एक-एक ने दो तीन रंडियों से शादी कर ली। अब वह ब्याहता औरतें थीं। पुलिस छापा मारकर उनके यहाँ से किसी को गिरफ़्तार नहीं कर सकती थी।

आरज़ू ने भी एक दलाल से निकाह कर लिया। नुसरतुल्लाह ने उसे सौ रुपए माहवार पर नौकर रख लिया। वह बाज़ार से उठकर कल्लू मंज़िल में आ गई। 'कल्लू मंज़िल' और उसके पड़ोसियों को यह नहीं मालूम था कि वह शहर की मशहूर तवायफ़ है। वह तो एक ठेकेदार की बीवी है।

कुछ दिनों तक तो आरज़ू को यह घरेलू ज़िन्दगी अजीब मालूम हुई। फिर धीरे-धीरे रिश्ते के भाई, खालू, चचा और फुफ्फा वगैरह आने लगे। घरेलू ज़िन्दगी की इंसानियत का तिलस्म टूट गया।

नुसरतुल्ला ग्यारह बजते-बजते आ जाता और अज़ान होते-होते चला जाता। मुँह हाथ धोता। दुकान खुलती और दुकानदारी होने लगती और दस-ग्यारह बजे तक के लिए वह आरज़ू और उसके आरामदेह जिस्म और शोख मुसकराहटों को भूल जाता...वह कल्लू तो ख़ैर उसे याद ही न आता जो ख़ुद उसी की वजह से...कैद बामशक्क़त भुगत रहा था।

शेख कलूट ने...सीख कबाब की एक छोटी-सी दुकान खोल ली थी। मगर उससे कहीं घर चलता है। वह भी ऐसे ज़माने में जब कीमतें तेज़ दौड़ने का मश्क कर रही हों। एक दिन वह नुसरतुल्लाह के यहाँ गया।

"क्या है।" नुसरतुल्लाह की पेशानी पर बल पड़ गए।

"आजकल बड़ी परेशानी में गुज़र हो रहा है भैय्या।"

"हम का करें?"

"लड़की जवान हो गई है, ओकी फ़िक्र, अलग है।"

नुसरतुल्ला ने चन्द लम्हों तक जवाब नहीं दिया। कुछ हिसाब वगैरह करने लगा। कलूट मुँह लटकाए बैठा रहा।

"ऐसा करो तोरे वाले मकान में हमरे एक दोस्त किराएदार हैं। लड़कियाँ को उहाँ नौकर रखवा दो, बाल-बच्चे वाले आदमी हैं।"

"अच्छा भैय्या।"

"ई खत लेते जाओ।"

आरज़ू के नाम एक पुर्ज़ा लेकर कलूट उसके यहाँ से उठ आया। दस रुपए माहवार तनख़्वाह और दोनों वक़्त का खाना और त्योहार पर कपड़ा लत्ता...ऐसा कुछ बुरा तो नहीं हुआ। कलूट एक हद तक मुतमइन था।

शरीफ़न उसी रोज़ आरज़ू के घर पहुँच गई। आरज़ू ने पहले अपने मियाँ के नाम नुसरतुल्लाह का खत पढ़ा। ख़त पढ़ने के बाद उसने शरीफ़न का ज़ायजा लिया। उमर यही कोई तेरह-चौदह साल, करना हुआ। ख़ूबसूरत जिस्म, बड़ी-बड़ी गहरी स्याह आँखें, खड़ी नाक, भरे-भरे होंठ...वह मुसकरा दी। उसकी माँ भी मुसकरा दी।

"खाना पका लेती हो?" आरज़ू ने पूछा।

"पुलाव कोरमा पकाना आता है।"

आवाज़ अच्छी है। आरज़ू की माँ ने सोचा, काश यह लड़की चार-पाँच साल पहले मिल गई होती...एक ठंडी साँस लेकर वह माज़ी के बारे में सोचने लगी।

"अच्छा बावर्चीख़ाने में जाओ। अम्माँ तुम्हें ख़ाना पकाना सिखा देगी।"

अब शरीफ़न को यह बताने की ज़रूरत थी नहीं कि बावर्चीख़ाना कहाँ है।

रात को जब नुसरतुल्लाह आया और आरज़ू उसके सिर में तेल डालने लगी तो उसने छूटते ही शरीफ़न के बारे में सवाल किया।

"कैसी है?"

"मैं मान गई आपकी निगाहों को।"

"वाकई?"

"क़यामत है मगर बेहद मासूम लड़की है।"

उस रात से नुसरतुल्लाह उस बेहद मासूम लड़की के बारे में सोचने लगा। जो कुछ होना है कल्लू के आने से पहले हो जाए। मगर दिक्क़त यह थी कि शरीफ़न उसके आने से पहले जा चुकी थी। आरज़ू ने उसे बारहा रोकने की कोशिश की, मगर वह नहीं मानी।

"नाहीं बाजी, बाबा अकेले हैं ना।" वह यह जवाब देती, ख़ाना बाँधती और चली जाती और फिर घर जाकर अपने बाबा से अपनी बाजी की तारीफ़ करती कि बाजी ऐसी है और वैसी है और यह है, वह है।

शरीफ़न से मिलने के लिए मुहल्ले की लड़कियाँ आ जातीं। महताब तो बीड़ी की पत्तियाँ और कैंची लेकर अक़सर आ जाती। बैठकर पत्ती काटती

रहती और शरीफ़न से गप लड़ाती और कभी-कभी आरज़ू भी उन गप्पों में शामिल हो जाती। कभी आरज़ू का कोई देवर आया हुआ होता तो वह महताब और शरीफ़न से मज़ाक करता और यह दोनों भी छूट के मज़ाक करतीं। कभी-कभी देवर साहब ज़्यादा मज़ाक के मूड में आ जाते तो महताब दौड़ कर कमरे में छुप जाती। दरवाज़ा बंद कर लेती, सीना धक-धक करने लगता। शरीफ़न घर के लोगों से परदा नहीं कर सकती थी इसलिए बैठी रहती। कोई देवर उसे गुदगुदा जाता। कोई उसकी चोटी खींच लेता, कोई नन्दोई उसे आँख मारकर मुसकरा देता...और वह कभी सोचने लगती कि बाजी के कितने सारे देवर और नन्दोई हैं? ऊँह होंगे। हमें का! वह फिर काम में लग जाती। महताब चली जाती। कभी-कभी बाजी के देवरों और नन्दोइयों की ली हुई चुटकियों का वारदात के सन्नाटे में और तेज़ हो जाता और वह एक सिसकी लेकर तकिया में मुँह छुपा लेती और ख़्वामख़्वाह मुसकराने लगी।

"भई आज हमारे साथ सिनेमा चलो।" आरज़ू ने एक रोज़ महताब से कहा।

"कोई हो।"

"बाबा से पूछ ले।"

शेख मदारन को क्या ऐतराज़ हो सकता था। आरज़ू के एक देवर के साथ सेकेन्ड शो का प्रोग्राम बन गया। आरज़ू की माँ की तबीयत इत्तेफ़ाक़ से कुछ ख़राब हो गई। अब सवाल यह था कि माँ को अकेला कैसे छोड़ा जाए।

"अरे जाओ, मैं मर नहीं जाऊँगी।" माँ ने कहा।

"नहीं अम्माँ।"

"शरीफ़न रह जाएगी।" अम्माँ बोलीं "क्यों बेटी?"

"बाबा से न कहा है न।"

"कहलवा देती हूँ।"

आरज़ू का 'देवर' शेख कलूट से कह आया कि अगर उन्हें कोई ऐतराज़ न हो तो शरीफ़न आज वहीं रह जाए क्योंकि अम्माँ की तबीयत ज़रा ख़राब है। शेख कलूट को भला क्या ऐतराज़ हो सकता था।

शरीफ़न घर रह गई। महताब, आरज़ू और आरज़ू के देवर, तीनों सिनेमा देखने चले गए। सिनेमा से वापसी पर देवर नहीं आया। सिर्फ़ रोती हुई महताब आरज़ू के साथ वापस आई। आरज़ू उसे समझा रही थी।

"इत्ती ज़रा-सी बात पर रोया नहीं करते पगली, यह तो।" आरज़ू ने महताब के हाथ में दो रुपए का एक नोट थमा दिया। "अब घर जाकर सो जाओ, घबराने की कोई बात नहीं, कल फिर आना।"

वह महताब को उसके घर पहुँचाकर 'कल्लू मंज़िल' में आई तो वहाँ सन्नाटा था। अम्मा सो रही थीं। नुसरतुल्लाह भी सो रहा था और थकी हुई शरीफ़न भी सो रही थी और उसके तकिए के नीचे एक अठन्नी जाग रही थी।

आरज़ू कपड़े तब्दील करके लेट गई। वह भी कुछ थकन महसूस कर रही थी। एक वीराने में तीन घंटे चुपचाप गुज़ारना आसान काम नहीं था। यह दूसरी बात है कि वीराने में चुप-चाप बैठने के उसे चालीस रुपए मिले थे। पाँच तो महताब ले गई। बचे बीस, अब सुबह को माँ हिसाब लेगी। पच्चीस कह दूँगी।

सुबह को वह उठी तो शरीफ़न गर्दन झुकाए चुपचाप बावर्चीख़ाने में काम कर रही थी। वह बहुत थकी हुई मालूम हो रही थी। इतवार का दिन था। इसलिए नुसरतुल्लाह भी गया नहीं था। शरीफ़न चाय बना लाई। नुसरतुल्लाह उसकी तरफ़ देखकर मुसकराया। वह गुनगुना उठी। आरज़ू यूँ बैठी रही जैसे उसे ख़बर ही न हो कि कौन सा तूफ़ान किस रास्ते से गुज़र गया है और क्या क़यामतें ढा गया है।

दोपहर हो गई और महताब नहीं आई। शरीफ़न बहुत हैरान हुई। फिर उसने सोचा कि शायद उसे कोई काम हो। कोई काम नहीं था। वह बावर्चीख़ाने के बग़ल वाली कोठरी में एक खटोला डालकर लेट गई।

नुसरतुल्ला दबे पाँव कोठरी में दाख़िल हुआ। शरीफ़न की आँखें बंद थीं। वह उसके सिरहाने बैठ गया। शरीफ़न ने आँखें खोल दीं। सहमी हुई हिरनी की तरह ग़ज़ाली (हिरन) आँखें इधर-उधर देखने लगीं।

"देख शरीफ़नी, मैं तोसे शादी कर लूँगा। फिर तुझे अपने घर ले चलूँगा..." शरीफ़न रोने लगी। "बस साल-सवा साल की तो बात है। कल्लू के आते ही मैं तुझसे शादी कर लूँगा, तेरे बग़ैर मैं ज़िन्दा नहीं रह सकता, तू मुझे अपना मियाँ समझ।"

यह मियाँ वाली बात शरीफ़न की समझ में न आई, उसकी बड़ी-बड़ी स्याह आँखें उठीं और नुसरतुल्लाह के चेहरे पर एक लख़्त के लिए रुककर फिर झुक गईं। उसे वह तमाम बातें याद आ गईं जो नफ़ीसन ने उसे बताई थीं। वह शरमा गई...

नुसरतुल्ला आता रहा। शरीफ़न उसकी बीवी थी। शरीफ़न ने यह भी नहीं सोचा कि नुसरतुल्लाह और आरज़ू में क्या तआल्लुक है। इतवार की रात में वह उसके साथ थोड़ी देर रहकर आरज़ू के पास क्यों चला जाता है...कभी यह ख़याल आया भी तो उसकी मासूमियत ने उसे घुड़क दिया "अरे तोसे क्या, ऊ कहीं रहें, उनकी बीवी तो तू ही है।"

मुहल्ले की कई लड़कियाँ आरज़ू के साथ सिनेमा देखने गईं और फिर लौटकर आरज़ू के यहाँ नहीं आईं। शरीफ़न ने इस सवाल पर भी कभी नहीं सोचा कि यह लड़कियाँ सिनेमा के बाद आख़िर यहाँ आना ही क्यों छोड़ देती हैं...।

कई अजनबी लड़कियाँ भी आरज़ू के यहाँ आईं। जिस दिन कोई अजनबी लड़की और उस देवर या नन्दोई में मज़ाक होता। वह भागकर कमरे में चली जाती। फिर वह देवर या नन्दोई भी चला जाता और शरीफ़न घर के काम में लग जाती।

पहले तो वह अजनबी लड़कियों के बारे में काम करते वक़्त सोचा भी करती थी। यह लड़कियाँ उसके मुहल्ले की लड़कियों की तरह नहीं होती थीं। उनके कपड़े अच्छे होते थे। यह खड़ी-खड़ी बोली में बातचीत करती थीं। उनके दुपट्टे सिरों पर नहीं होते थे, गले में पड़े होते थे। यह पान नहीं खाती थीं, लिपिस्टिक लगाती थीं। बस घर में आए, नकाब उतार कर फेंक देतीं। आरज़ू के देवर या नन्दोई से मज़ाक करतीं, भागकर कमरा में जा छुपतीं और फिर नकाब पहनकर चली जातीं।

उन अजनबी लड़कियों में से कोई न होता तो यह, देवर आरज़ू और शरीफ़न से गन्दे-गन्दे मज़ाक करते। अब तो शरीफ़न ने इन गन्दे मज़ाकों पर शरमाना छोड़ दिया था। पहले तो आरज़ू के तुर्की ब तुर्की जवाब पर शरीफ़न सन्नाटे में आ जाती थी। फिर उसने सन्नाटे में आ जाना तर्क कर दिया और फिर ख़ुद भी तुर्की ब तुर्की जवाब देने लगी।

ये देवर अक़सर शरीफ़न को अठन्नी-चवन्नी देते रहते थे। फिर एक रोज़ जब आरज़ू अस्पताल गई हुई थी तो देवर ने उसे पाँच रुपए दिए और फिर उसे हैरान होने का मौक़ा भी नहीं मिला...और फिर यह सिलसिला चल पड़ा। उसे रुपए मिलते, पहले तो वह घंटों रोया करती थी। फिर उसने रोना छोड़ दिया। वह आरज़ू के देवरों को छेड़ने लगी।

तनख़्वाह के रुपए तो वह कलूट को दे देती। मगर यह ऊपरी आमदनी वह अपने बक्स में रखती जाती थी।

शरीफ़न को यह बात नहीं मालूम थी कि कल्लू दुकान से घर आते वक़्त किस चाव से उसकी शादी के बारे में सोचा करता था। किस एहतेमाम से दहेज़ खरीदा जाता, किस एहतेमाम से शादी होती...और अगर उसे यह बातें मालूम भी थीं तो वह उन बातों को भुला चुकी थी। कल्लू उसे ज़रूर याद आता था। उसे अपने भाई का इन्तेज़ार था।

शरीफ़न की परेशानी उस वक़्त बढ़ी जब उसे ख़्वामख़्वाह मतली होने लगी। हर चीज़ की महक ख़राब मालूम होती। बस कोरे बरतनों को देखकर तबीयत न मालूम कैसी-कैसी होने लगी और फिर जब तक वह उसे दाँतों से पीस न डालती तस्कीन न होती।

कलूट को तो इन बातों की ख़बर नहीं हुई। मगर आरज़ू की माँ ने भाँप लिया। कलूट के यहाँ कहलवा दिया गया कि आरज़ू की माँ की तबीयत बहुत खराब है। इसलिए शरीफ़न दो चार रोज़ यहीं रहेगी। कलूट के लिए इस पैगाम में कोई ख़ास बात नहीं थी। ऐसे पैग़ाम तो अक़सर आते रहते थे।

एक दाई आई। उलटी सीधी मालिश होने लगी। तरह-तरह की दवायें खिलाई जाने लगीं। फिर हर तरफ़ जैसे अन्धेरा छा गया...मालूम मालिश से छुटकारा मिल गया। कोरे बर्तनों को देखकर तबीयत ने ललचाना तर्क कर दिया। मगर वह जिस्म बिलकुल गल गया। जिसके कसाव पर चन्द महीने पहले आरज़ू हैरान रह गई थी। और वह बड़ी-बड़ी स्याह आँखें हलकों में धँस गईं और चेहरा का गेहूँ जलकर स्याह पड़ गया।

फिर भी शरीफ़न झेल गई। महताब न झेल सकी। उसके घर में एक माँ थी। वह पहचान गई "ई का किए कलमुँही?" माँ ने माथा ठोंका, शेख मदारन तो सन्नाटे में आ गए। "के का है ई?" माँ ने सवाल किया। महताब ने कोई जवाब नहीं दिया। वह रोती रही, "डूब मर बेशर्म।"

महताब ने माँ का मशविरा कबूल कर लिया। रात को चुपके से दरवाज़ा खोल कर वह बाहर आ गई। हर तरफ़ अँधेरा था। दूर व नज़दीक से कुत्तों की आवाज़ आ रही थी। सामने ही खारे पानी का कुआँ था। वह कुएँ की पक्की जगत पर बैठकर अँधेरे में अपने घर की तरफ़ देखने लगी। जिसका दरवाज़ा खुला हुआ था और जिसकी कोठरी में टीन के एक बक्स में चाँदी के दो तीन जेवर उसकी बारात के मुन्तजर थे।

वह चन्द लम्हों तक बैठी रही। मरना आसान काम नहीं होता। ख़ुदकशी बुजदिली है। मगर एक ऐसी बुजदिली जो एक मखसूस क़िस्म की जुर्रात का मुतालबा करती है...फिर कुएँ की जगत ख़ाली हो गई?

सुबह को मुर्ग की बाँग के साथ जब महताब की माँ की आँख खुली तो महताब की खाट ख़ाली पाकर उसका माथा ठनका। उसने जल्दी से शेख मदारन को जगा दिया।

महताब की तलाश शुरू हुई। मगर महताब कहाँ थी। मुहल्ले में बात फैल गई कि शेख मदारन की लड़की बाप को जुल देकर किसी के साथ निकल गई! कई लोगों ने कहा कि उसके लक्षण ही ऐसे थे।

इत्तेफ़ाक से उसी रोज़ एक घबराई हुई बिल्ली कुएँ में गिर गई। मुहल्ले के लोगों ने कुएँ को साफ़ करना शुरू किया। मस्जिद का कुआँ था। डोल पर डोल पानी निकलने लगा और पानी के साथ निकलह महताब की फूली लाश।

उरूजे दास्तान

शरीफ़न का कारोबार दिन दुगुनी रात चौगुनी तरक्क़ी कर रहा था। उसकी दुकान में महीने दो महीने में कोई न कोई नया माल ज़रूर आता। नए ग्राहक तो ख़ैर हर दूसरे, तीसरे दिन आया करते थे। पुराना माल और पुराने ग्राहक यह तो ख़ैर रोज़ ही का काम था।

अजीब व ग़रीब वाक़यात पेश आए।

मसलन सबीहा, गजाधर की बहन की क्लासफेलो थी। दोनों बी.ए. के आख़िरी साल में थीं। गजाधर की बहन शोभावती एक चंचल लड़की थी। मासूम और चंचल, सबीहा एक रोज़ उसे सिनेमा दिखलाने लाई।

"भई यह फ़िल्म तो बहुत बोर है।" सबीहा ने दस पन्द्रह मिनट के बाद कहा।

"है तो" शोभावती बोली, "चलो घर चलें।"

"घर कैसे चलें, मामू जो बाहर बैठे हैं।"

"तो?"

"आओ पड़ोस में चलें। बड़ी दिलचस्प औरत रहती है।" सबीहा ने कहा।

"वहीं बैठेंगे, खेल के ख़त्म होते-होते आ जाएँगे।"

"चलो।"

शरीफ़न ने शोभावती का जायज़ा लिया। देसी घी की मिठाई थी। शोभावती भी शरीफ़न से मिल कर खुश हुई। तमाम लड़कियाँ उसे आपा जी कहती थीं। वह भी उसे आपा जी कहने लगीं। दो तीन बार पिक्चर बोर हुई। दो तीन बार वह आपा जी के पास आई...फिर वह ख़ुद आने लगी।

एक रोज़ शरीफ़न ही के यहाँ गजाधर और शोभावती की मुलाकात हो गई। गजाधर वहाँ से चुपचाप चला आया। मगर शोभावती कैसे जाती, घर में सन्नाटा था। शरीफ़न ने उसे समझा दिया कि गजाधर ख़ुद उसका सामना नहीं करेगा। शोभावती की समझ में यह बात नहीं आई। फिर भी वह घर वापस चली गई।

रात गए गजाधर एक छुरा लेकर उसके कमरे में गया। वह चीख़ उठी। गजाधर की माँ की आँख खुल गई। उसने भी शोर मचाना शुरू किया मगर गजाधर तो पागल हो गया था। वह शोभावती को छुरा मारता रहा। उसे तो यह भी ध्यान नहीं आया कि शोभावती तो कब की मर चुकी है।

शोर सुनकर मुहल्ले वाले जाग उठे। दरवाज़ा पीटा जाने लगा। जब दरवाज़ा नहीं खुला तो दरवाज़ा तोड़ डाला गया। लोग मकान में घुस आए, लोगों ने देखा कि गजाधर की माँ कई जख़्म खाए दौड़कर गजाधर को पकड़ रही है और गजाधर शोभावती की लाश को छुरा मार रहा था।

लोगों ने गजाधर को बेकाबू कर दिया। उसकी आँखों की वहशत ने मुहल्ले वालों को परेशान कर दिया। उसके मुँह से झाग बह रहा था और वह अपनी सूखी हुई ज़बान पर बार-बार होंठ फेर रहा था। उसकी माँ बेहोश हो चुकी थी और सामने शोभावती की लाश थी। जिसका चेहरा इतना बिगड़ गया था कि यह बताना मुश्किल था कि लाश शोभावती ही की है। थोड़ी ही देर में पुलिस आ गई। गजाधर गिरफ़्तार कर लिया गया।

सुबह होते-होते यह ख़बर जंगल की आग की तरह सारे शहर में फैल गई कि गजाधर ने अपनी जवान बहन शोभावती का कत्ल कर दिया है। और माँ को बुरी तरह जख़्मी किया। शहर में सनसनी फैल गई।

शरीफ़न ने इस ख़बर को सुना। एक लम्हे के लिए तो वह सकते में आ गई। उसे कल्लू का ख़याल आ गया। अगर कल्लू को मालूम हो जाए कि वह कहाँ है और क्या कर रही है तो एक सुबह शहर वाले यह ख़बर सुनेंगे कि कल्लू ने अपनी जवान बहन शरीफ़न का कत्ल कर दिया।

मगर उसने फ़ौरन ही अपने पर काबू पा लिया। कल्लू को यह मालूम ही कैसे हो सकता है कि वह कहाँ है और क्या कर रही है। नुसरतुल्लाह के

अलावा कोई नहीं जानता कि वह कौन है। और नुसरतुल्लाह को क्या पड़ी है कि वह कल्लू को यह बताए। और नुसरतुल्लाह यूँ भी नहीं बता सकता क्योंकि उसी ने तो शरीफ़न से आपा बना दिया।

वह इत्मीनान से पान लगाने लगी।

लेकिन शहर के गैरमुतअल्लिक लोग तो इस इत्मीनान से शोभावती को नहीं नजरअन्दाज़ कर सकते थे। हालाँकि उनमें कोई शोभावती को नहीं जानता था। किसी ने उसे नहीं देखा था। फिर भी उसकी मौत पर इज़हारे ख़याल कर रहे थे।

''बात क्या हो सकती है?''

''पागल हो गया था साला?''

''यह गजाधर तो बड़ा हरामी निकला।''

''पेट से रही होगी।''

''मैं तो इसीलिए अपनी लड़कियों को कॉलेज नहीं भेजता। कॉलेज में लड़कियाँ रंडियाँ बनाई जाती हैं।''

गर्ज़ कि जितने मुँह उतनी ही बातें थीं। यह कोई नहीं जानता था कि इसमें कॉलेज की तालीम का कोई क़सूर नहीं है। शरीफ़न के कारख़ाने में ऐसी लड़कियों से भी रंडियाँ ढाली जाती हैं जो कॉलेज में नहीं पढ़तीं। जिन साहब ने बुराई की थी ख़ुद उनकी बेटी शरीफ़न के क्लब की एक अहम् कारकन थीं। कुसूर न शोभावती का था न कॉलेज का, न सबीहा का था न शरीफ़न का...और न आरज़ू न सगन बाई का, कुसूर नुसरतुल्लाह या गजाधर का भी नहीं था। लेकिन कल्लू की दुकान, चायख़ानों और दूसरी जगह बात करनेवालों को इसका इल्म नहीं था...कुसूर असल में उन लोगों का है जो ऐक्ट बनाकर समाज को सुधार लेने का अहमकाना ख़्वाब देखते हैं। जो लोग यह समझते हैं कि कानून शराबनोशी और अय्याशी का ख़ात्मा कर सकता है।...मगर क्या यह ऐक्ट बनानेवाले वाक़ई इसी तरह सोचते हैं? यह लोग अब इतने सादा लोग भी नहीं हो सकते।

तो शोभावती मर गई।

मगर एक शोभावती के मरने से क्या होता है। या एक गजाधर अगर चुपचाप फाँसी चढ़ भी गया तो क्या होगा। गजाधर यह नहीं बता सकता था कि उसने अपनी जवान बहन शोभावती को क्यों कत्ल किया। वह यह नहीं कह सका था कि शोभावती को आपा बी 'कारख़ाने' में देखा था।

वह चुपचाप मुलज़िमों के कटघरे में खड़ा हो जाता। बेबसी से मुकदमे की कार्रवाई देखता रहता। किसी को उससे हमदर्दी नहीं थी। सारा शहर उस पर लानत भेज रहा था। मुक़ामी अख़बार और सूबाई अख़बार उसे एक दरिन्दा बना रहे थे...जब तकलीफ़ बहुत ज़्यादा होती तो वह रोने लगता। अदालत में रोने लगता। मगर उसके आँसू किसी की हमदर्दियाँ हासिल न कर पाते। नफ़रत की आग में तेल का काम देते, आग और भड़क उठती, नफ़रत और शदीद हो जाती।

"यह गजाधर तो बड़ा कमीना निकला।" एक रोज़ नूर मुहम्मद खाँ ने शौक़ साहब से कहा। "और अब साला अदालत में जान के खौफ़ से रोता है।"

"क्या पता हालात क्या थे खाँ साहब, हो सकता है कि शोभावती भी बेगुनाह रही हो और गजाधर भी बेक़सूर हो।"

"आप तो हमेशा उलटी सीधी बातें करते हैं।"

"और चारा ही क्या है।"

शौक़ साहब बेदिली से मुसकराए। "यह हमारी दुनिया बहुत अजीब व ग़रीब है खाँ साहब। यह गांधी जी को मारकर उनकी समाधि पर फूल चढ़ाई है। यह रंग और मज़हब के नाम पर ख़ूरेजी करती है और अख़बारों में उसके ख़िलाफ़ मज़ामीन लिखती है। यह ख़ुद मास्टर ख़लील को बेदार करती है फिर ख़ुद ही पर लानत भेजती है। हो सकता है कि आज जो शहर गजाधर पर लानत भेज रहा है, वह कल यह सोचना शुरू कर दे, गजाधर हमदर्दी के क़ाबिल था। हमारी इस दुनिया में कुछ नामुमकिन नहीं।

शौक़ साहब की बातें नूर मुहम्मद खाँ की समझ में नहीं आईं। मगर वह चुप रहे। उनके पास उन बातों का जवाब नहीं था। इसलिए वह एक बीड़ी सुलगाकर उन मकानों को देखने लगे जिन पर 'किराए के लिए ख़ाली है' की तख़्तियाँ लगी हुई थीं और यह सोचने लगे यह तख़्तियाँ कब उतरेंगी और यह मकान कब आबाद होंगे, उन्हें इससे गरज़ नहीं थी कि उन मकानों में कौन आबाद होता है। रंडियाँ या कोई और। उन्हें किराए की गरज थी। उनमें बदन बिके या सुबह को माँएँ अपने चन्दा बेटे के माथे पर काजल का टीका लगाए और मुहल्ले की औरतों को इकट्ठा करके न आने वालियों की ग़ीबत (बुराई) करे।

मगर किराया ही तो नहीं मिलता था। मकान ख़ाली थे। अब एक मकान में अगर किसी सियासी पार्टी का दफ़्तर आ गया तो क्या हुआ।

ये लोग एक तो महीने के महीने किराए नहीं देते और दूसरे हर महीने किसी न किसी काम के लिए चन्दा माँगने ज़रूर आ जाते हैं। खाँ साहब यह होनेवाला है और खाँ साहब वह होनेवाला है। होता ख़ाक नहीं, कीमतें बढ़ती जा रही हैं। टैक्स बढ़ता जा रहा है। और साथ ही साथ...चन्दा भी बढ़ता जा रहा है। अब मैं...बातों को एक नया पैसा नहीं दूँगा। कोई उनके बाबा का कर्ज़ खाया है। अरे-अरे वाह ऊँह...उन्होंने सड़क पर थूक दिया।

"ए हुज़ूर, देख तो लिया होता।" आते हुए उस्ताद नेमत पर थूक पड़ गया।

"माफ़ करना भई।"

"मिजाज़ तो अच्छे हैं हुज़ूर।"

"उस्ताद, मिजाज़ न पूछा करो, मकानों पर किराए की तख़्तियाँ देखते हो। और मिजाज़ पूछते हो। लोग कहते हैं कि शहर में मकान की किल्लत है। झूठ बोलते हैं साले। यहाँ से वहाँ तक दो सौ मकान ख़ाली हैं। कोई साला रहने के लिए नहीं आता। एक साहब आए थे तो तीसरे दिन चले गए। कोई शौकीन समझा कि कोई रंडी आ गई है। इन मकानों को शहद लगाकर चाटूँगा। और चाटूँगा तो शहद कहाँ से लाऊँगा। इस सरकार से कोई यह क्यों नहीं कहता कि उन मकानों को ले ले और मुआवज़ा दे दे, नकद न हो तो बांड ही दे दे।

उस्ताद ने सोचा कि सरकार उन मकानों को शायद ले भी ले। शायद मुआवज़े के बांड भी दे दे। मगर उनकी सारंगी सरकार नहीं लेगी। उसका तो मुआवज़ा नहीं मिलेगा या बांड भी नहीं मिलेगा।

वह खाँ साहब को सलाम करके बढ़ गए। बाज़ार में अब उनके लिए कोई काम नहीं था। फिर भी एक ज़िन्दगी की आदत थी। वह सरे शाम बाज़ार आ जाया करते थे। और फिर घर में अन्जुम की माँ की बातें कौन सुनता। अन्जुम की माँ की समझ में यह बात ही नहीं आती थी कि ख़ुद उस्ताद को इसका शदीद एहसास था कि अन्जुम जवान हो गई है। उसके हाथ पीले करने का वक़्त आ गया है। मगर वह बिला सोचे समझे तो अपनी पढ़ी-लिखी सुघड़ अन्जुम का हाथ किसी के हाथ में नहीं दे सकते थे ना। उन्होंने अन्जुम को एफ.ए. तक इसलिए तो नहीं पढ़ाया था ना कि उसकी शादी किसी ठेठ मिरासी से कर दी जाए और वह उसे एक ढोल थमा दे।

लड़कियों के स्कूल में जगह ख़ाली ही थी, उन्होंने कोशिश की कि अन्जुम को नौकरी मिल जाए। शहर के रईसों से सिफ़ारिश करवाया मगर अन्जुम बदनसीबी से किसी एम.एल.ए. की पोती नहीं थी। इसलिए वह नौकरी एक एम.एल.ए. के दौर के एक रिश्तेदार की साली को मिल गई।

बाज़ार उजड़ जाने से उस्ताद का धन्धा बिलकुल बंद हो गया था। जो कुछ था। वह ख़र्च हो गया था। अन्जुम के ज़ेवरात में वह हाथ नहीं लगाना चाहते थे। अन्जुम की माँ जो कुछ लाई थी उसमें गुज़र नहीं होता था। इसलिए घर में हंगामा रहता था। अन्जुम की माँ का कहना था कि जहाँ सग़रा गाती है वहाँ उसका गाना कौन सुनेगा। इसलिए अन्जुम को जाने दो और उस्ताद इसके लिए तैयार नहीं थे।

इन बातों से भागने के लिए वह बाज़ार जाया करते थे। मगर घर तो जाना ही पड़ता था। इसलिए खाँ साहब से रुख़सत होकर वह धीरे-धीरे घर ही चले गए।

घर में ताला बंद था।

"चची मौलवी साहब के यहाँ गई हैं।" पड़ोस के लड़के ने कहा।

"कौन मौलवी साहब।"

"मौलवी सलामतुल्ला।"

"और अन्जुम?"

"ऊ भी गई है।" लड़के ने कहा "अम्मा को कुन्जी दे गई हैं, ले आऊँ।"

"हाँ, बेटा ला दो।"

लड़के ने कुन्जी ला दी। वह दरवाज़ा खोलकर अन्दर चले गए। तो वह बेचारी भीख माँगती। मगर उस्ताद को यकायक यह एहसास हुआ कि वह बहुत बूढ़े हो गए हैं और ज़िन्दगी में कोई कोशिश नहीं रह गई है। वह लेट गए। मगर उन्हें भूख लगी हुई थी। इसलिए लालटेन लेकर वह बावर्चीख़ाने में गए। सिकहर पर रुमाल में लिपटी हुई तीन रोटियाँ और थोड़ी सी भिन्डी की सूखी सब्ज़ी रखी हुई थी। रोटियाँ और सब्जी लेकर वह पलंग पर वापस आ गए। खाने के बाद उन्होंने पलंग पर बैठे-बैठे ही मुँह धोया। ख़ुदा का शुक्र अदा किया और सब्ज़ी के प्याले को सिरहाने रखने के बाद वह लेट गए। मगर नींद नहीं आई। थोड़ी देर तक करवटें लेने के बाद वह उठ बैठे और जब कुछ समझ में नहीं आया तो खूँटी पर टँगी हुई सारंगी उतारकर वह इसको बजाने लगे...।

गई रात को जब अन्जुम अपनी माँ के साथ वापस आई तो उसने उस्ताद को इस आलम में पाया।

अन्जुम को देखकर उस्ताद ने सारंगी बजाना बंद कर दिया।

"आ गई बेटी, यहाँ आओ।" अन्जुम उनके पास चली गई। उन्होंने अन्जुम को सीने से लगा लिया। और रात के अँधेरे में न अन्जुम ही ने देखा और न उसकी माँ ने कि उस्ताद रो रहे हैं।

जब अन्जुम गाने लगी तो फिर इस कहानी को बढ़ाने से क्या फ़ायदा। यूँ ही कहानी बहुत कड़वी हो गई है, बिलकुल ज़िन्दगी की तरह कड़वी। बज़ाहिर यह इल्मिया बहुत भयानक नहीं मालूम होता कि अन्जुम गाने के लिए गई। क्योंकि हम तो इसके आदी कि हीरो या हीरोइन में से कोई एक या दोनों मर जाएँ तब कहानी इल्मिया होती है। लेकिन मर जाना कोई इल्मिया नहीं है। क्योंकि मरना तो एक रोज़ सबको है...चाहे वह किसी नाविल का हीरो ही क्यों न हो, इसलिए किसी की मौत कोई इल्मिया नहीं है...और फिर इस कहानी में हीरो और हीरोइन का कोई सुराग ही नहीं मिलता। मैं किसकी शादी कराऊँ और किसे मारूँ। मैं आपसे पूछता हूँ कि इस कहानी का हीरो कौन है। कल्लू, गजाधर, नुसरतुल्ला, मास्टर ख़लील, शौक़ साहब, कलूट, बकाती या घसीटे...इन बेशुमार लोगों में से कौन हीरो है? और आरज़ू से लेकर शोभा तक अनगिनत लड़कियों में से किसे हीरोइन कहूँ? यह तक़सीम फर्ज़ी कहानियों में हो सकती है। मगर ज़िन्दगी की कहानियाँ इस तक़सीम (विभाजन) को बर्दाश्त नहीं करतीं।

इल्मिया तो वही है जिसके न होने का भी इम्कान हो। मगर जो हो जाए और शख़्स अपने को बेबस महसूस कर ले और किसी को इल्ज़ाम न दिया जा सके। इल्मिया, किरदारों की मौत से नहीं बनता, हालात से बनता है।

अन्जुम का मौलवी सलामतुल्लाह के बेटे की शादी के सिलसिले में गाने जाना बहुत बड़ा इल्मिया है। क्योंकि ख़ुद मुझे, मैं इस कहानी का ख़ालिक हूँ अन्जुम को वहाँ भेजने में बड़ी तकलीफ़ होती है। मुझे ऐसा लगा है जैसे मैं उस्ताद हूँ और अपनी चहेती पोती को अपने ख़्वाबों के...से गुज़ारकर मौलवी सलामतुल्लाह के यहाँ भेज रहा हूँ। मगर मैं मज़बूर था, मुझ में अन्जुम की माँ के ताने सुनने की सिकत थी लेकिन काका करने की

सिकत नहीं थी। उस्ताद नेजात इसलिए रोकर चुप हो गए कि मौलवी सलामतुल्लाह के घर के अलावा तमाम रास्ते बंद थे।

मैं भी उस्ताद नेजात की तरह अन्जुम को पढ़ा-लिखाकर उस्तानी बनाना चाहता था। इस ख़याल से मुझे खुशी होती थी कि अन्जुम ढोल लेकर घरों में नहीं जाएगी, गालियाँ नहीं गायेगी, ग़न्दे मज़ाकों का मुक़ाबला नहीं करेगी, बल्कि वह सुबह का ख़ाना खाकर स्कूल जाएगी, बच्चियों को पढ़ायेगी, और शाम को घर आकर उस्ताद नेजात से लिपट जाएगी और उन्हें दिन भर की कारगर्दगी सुनाएगी। लेकिन मैं ऐसा नहीं कर सका, क्योंकि ऐसा करना अदीब (साहित्यकार) की ईमानदारी के ख़िलाफ़ होता। अन्जुम के हालात उसे उस्तानी (टीचर) नहीं बना सकते थे। आप उन अन्जुमों की मिसाल दे सकते हैं जो उस्तानियाँ बन गईं, मैं भी कई अन्जुमों की मिसाल दे सकता हूँ जो उस्तानियाँ बन गई हैं, मगर देखिये ना सवाल उन अन्जुमों का नहीं है, जिन्हें आप जानते हैं या मैं जानता हूँ। सवाल तमाम अन्जुमों का है।

इसीलिए जब अन्जुम गाने चली गई तो यह कहानी ख़त्म हो गई, लेकिन मैं अगर कहानी यहीं ख़त्म कर दूँगा तो आप सवालों की बारिश शुरू कर देंगे। कल्लू का क्या हुआ, नुसरतुल्लाह कहाँ है। शरीफ़न का क्या हाल हुआ वगैरा-वगैरा यह फितरी सवालात हैं।

मगर मैं एक नाविलनिगार हूँ। दफ़्तर मालूमात आम्मा नहीं हूँ और न किसी शहर की म्युनिसिपालिटी हूँ कि पैदाइश और मौत का रजिस्टर रखता हूँ। एक कहानी के ख़ात्मे के बाद दूसरी कहानी के बारे में सोचने लगता हूँ। फिर भी आपको सवाल करने का हक़ है। और जवाब देना मेरा फर्ज़ है और वह भी क्या लेखक जो सवालों का जवाब देने से कतरा जाये।

अन्जुम तो शादियों में, और अकीकों में और ईद, बकराईद में घूम-घूमकर गाने गा रही है। सोहे गा रही है, जनने गा रही है, बाबुल और गालियाँ गा रही है। उस्ताद नेजात ने रोना भी बंद कर दिया है। अब जब अन्जुम अपनी माँ के साथ कहीं जाती है तो उन्हें ताज्जुब नहीं होता। वह शायद अपने ख़्वाबों को भूल चुके हैं। अब उन्हें यह याद नहीं आता कि वह अन्जुम को उस्तानी बनाना चाहते थे...।

कल्लू के बारे में मुझे कुछ नहीं बताना है। सुना गया है वह अपनी दुकान पर लेटा-लेटा 'बहराम की रिहाई' और 'जंग तिराबलस' क़िस्म की किताबें पढ़ता रहता है। जब कोई ग्राहक आ जाता है (भूला भटका) तो वह उसके लिए पान लगाने लगता है और उसके जाते ही लेटकर किताब पढ़ने

लगता है। जब मुसलमान का लश्कर हारने लगता तो वह उदास हो जाता है और जब कोई ईसाई शहजादी किसी मुसलमान सिपाही पर आशिक होकर उर्दू के शेर पढ़ने लगती है तो वह खुश हो जाता है। मगर रात को जब जुम्मन के यहाँ बांस की खाट पर पड़ा रहता है तो देर रात तक जागता रहता है। और सोचता रहता कि शरीफ़न कहाँ होगी। मर गई होगी या जिन्दा होगी। फिर उसे शरीफ़न की शादी की जेहनी तैयारियाँ याद आने लगती हैं, वह कराह उठता है। और आँखें खोलकर उस कल्लू मंज़िल की तरफ़ देखने लगता है जिसे उसने चाव से बनवाया था...कभी-कभी वह महताब के बारे में भी सोचने लगता, महताब के बारे में सोचते-सोचते उसका ख़ून ख़ौल जाता।

वह बड़ी पाबंदी से नमाज़ें पढ़ रहा है। हज करने का अरमान भी है उसे, और वह फिर चौथी के घोड़े में धूम से जंज़ीर का मातम करके लहूलुहान हो जाता है। उसने ख़्वाब देखना छोड़ दिया है। मगर ख़्वाब देखने को जी चाहने लगता है तो बहराम बनने का ख़्वाब देखने लगता है। वह बहराम बन जाता है, रईसों को लूटता है, ग़रीबों की मद्द करता है और पुलिस के हाथ आने के बाद भी निकल जाता है...और कभी कभार ज़ायका बदलने के लिए वह किसी इस्लामी फ़ौज का कोई मामूली-सा सिपाही भी बन जाता है जिस पर आमतौर पर ईसाई बादशाहों की लड़कियाँ आशिक हो जाती हैं...।

जुम्मन उससे अपनी लड़की की शादी करना चाहता है, मगर वह इनकार करता जा रहा है। और सोच रहा है कि अपने रहने का इन्तजाम कहीं और कर ले, क्योंकि जुम्मन की लड़की जो उससे बराये नाम परदा करती है, उसे देखकर मुसकराने लगी है।

नूर मुहम्मद खाँ के मकानों पर 'किराए के लिए खाली है' की तख़्तियाँ उसी तरह लगी हुई हैं। राजनीतिक पार्टी की जिला ब्रांच का आफ़िस भी कहीं चला गया है।

लेकिन शरीफ़न को मैं इस आसानी से चन्द जुमलों में नहीं टाल सकता। हालाँकि अब ख़ुद मुझे उसके पास जाने से डर लगता है। आख़िर मैं भी इंसान हूँ। उससे वहशत होती है। लेकिन चूँकि मैं एक कहानी लिखने वाला हूँ इसलिए मैं अपने किसी किरदार का साथ नहीं छोड़ सकता। चाहे वह जहाँ हो और जिस आलम में हो, चलिए उसके घर चलें। आप मकान में न जाइएगा वरना वह आपको फाँस लेगी और आपको किसी खुफ़िया इलाज के माहिर के यहाँ जाना पड़ेगा...आख़िर यह शरीफ़न किसी खुफ़िया

इलाज के माहिर के लिए कमीशन पर काम क्यों नहीं करती। मैं उसे यह मशवरा ज़रूर दूँगा।

बस आप यहीं रुक जाइये, मैं अन्दर जा रहा हूँ। मेरे लिए वहाँ कोई ख़तरा नहीं है, मैं उसका ख़ालिक हूँ, शरीफ़न जैसी भी हो, मेरी तख़्लीक है मेरी...बेटी है।

सुबह का वक़्त था, शरीफ़न शाम के बारे में सोच रही थी। गजाधर के वाकये के बाद से वह ज़रा मुस्तैद रहने लगी थी। अब वह उसका ख़याल रखती थी कि एक कमरे में भाई-बहन या बाप-बेटी का मिलन न हो, कोई ऐसी बात नहीं है कि उसे कोई परवाह थी। अमे नहीं, वह दुकानदार थी, उसे इससे क्या गरज़ कि ग्राहक कौन है। वह यह नहीं चाहती थी कि उसका 'माल' क़त्ल हो जाये और उसका ख़रीदार, फाँसी पा जाए। सीधे-साधे तिजारती (कारोबार) उसूलों के ख़िलाफ़ था।

वह शहर के तक़रीबन तमाम रईसों को पहचान चुकी थी। इसलिए 'माल' एलाट करने से पहले वह जाँच-पड़ताल कर लिया करती थी। हाँ जब उसके दलाल किसी परदेसी को लाते थे तब अलबत्ता वह फराख़दिली से अपने मालों का सारा ज़ख़ीरा उसके सामने पेश कर दिया करती थी।

बस अगर कल्लू का काँटा दिल से निकल जाता तो वह बिलकुल मुतमइन हो जाती। मगर जब कारोबार का वक़्त ख़त्म हो जाता और थकी हारी लेट जाती तो दिन भर के कत्थे-चूने से रंगे हुए हाथ लेकर आता। उसके दिल में एक बांस की खाट खींचकर बैठ जाता और पीतल के बर्तन से हाथ मुँह धोकर ख़ाना माँगने लगता...यही वक़्त उसके लिए नाक़ाबिले बर्दाश्त होता। वह कल्लू को धक्के मार कर निकालने की कोशिश करती, मगर कल्लू बैठा-बैठा मुसकराता रहता और ख़ाना माँगता रहता...वह तड़प उठती और ऐसे में नुसरतुल्लाह से शदीद नफरत हो जाती वह उससे बदला लेने के मन्सूबे (प्लान) बनाने लगती। उस वक़्त उसके ज़हन में सिर्फ़ एक बात हुई, किसी तरह नुसरतुल्लाह की बहन यहाँ आ जाये और उन दोनों को एक कमरे में बंद कर दे।

मगर नुसरतुल्लाह की बहन को हासिल करने में वह कामयाब न हो सकी, उसने अपनी तमाम लड़कियों से कह रखा था कि जो लड़की नुसरतुल्लाह की बहन को लाने में कामयाब होगी उसे हमेशा के लिए छुट्टी मिल जाएगी मगर कोई लड़की कामयाब न हो सकी, क्योंकि नुसरतुल्लाह की बहन बड़ी 'बदशौक़' लड़की थी।

वह उस वक़्त भी यही सोच रही थी। उसे अपनी यह ज़िन्दगी पसन्द नहीं थी। घरेलू ज़िन्दगी के तमाम दरवाज़े बंद हो चुके हैं...और यह दरवाज़े बंद करने वाला नुसरतुल्लाह था।

नाश्ता-वाश्ता करके वह अस्पताल जाने की तैयारी करने लगी। इधर कुछ दिनों से वह बराबर अस्पताल जा रही थी। वह बड़ी लगन से अपना इलाज करवाने में मशगूल थी। आज उसका फैसला होनेवाला था कि वह अच्छी होगी या अच्छी नहीं होगी।

तीन दिन हुए जब वह इधर-उधर इलाज करने के बाद अस्पताल गई थी, सिविल सर्जन ने अपने कमरे में उसका मुआयना किया था। सिविल सर्जन के पेशेवर हाथों में अपना जिस्म दबते हुए, वह एक मासूम लड़की की तरह शरमा गई थी। उसका दिल धड़का हुआ था, मगर सर्जन उसके चेहरे की सुर्खी, सिमटते हुए बदन और धड़कते हुए दिल से बेपरवा उसका मुआयना करता रहा था।

मुआयने में काफ़ी अर्सा लगा था।

मुआयना करने के बाद सिविल सर्जन मुड़कर हाथ धोने लगा था। उसने कुछ देर बाद दस्ताने उतार दिए थे और शरीफ़न उसके हाथों पर जगे हुए भूरे बालों को देखती रह गई थी और कमरा एन्टीसेप्टिक की तेज़ महक से भरा हुआ था। उसे यह महक बहुत बुरी मालूम हो रही थी।

डॉक्टर की पीठ पर नज़र जमाए उसने कपड़े पहन लिए थे, फिर वह एक कुर्सी पर बैठ गई थी।

"तुम यह काम कब से कर रही हो।" डॉक्टर ने हाथ पर पानी गिराते-गिराते सवाल किया था।

"बरसों से।"

"अब यह काम बंद कर दो।" डॉक्टर तौलिये से हाथ पोंछते-पोंछते उसकी तरफ़ मुड़ गया था। "आज मैं तुम्हारा ख़ून लूँगा, परसों आओ, तब देखूँगा कि तुम्हारा इलाज मुमकिन है या नहीं, लेकिन इतना समझ लो, इस वक़्त तुम इतना तेज़ ज़हर हो कि कोई तुम्हें छू लेगा तो मर जाएगा।"

"मगर डॉक्टर साहब..."

"तुम अपना पता बताती जाओ, मैं कोतवाली से दरख़्वास्त करूँगा कि तुम पर निगाह रखे।"

डॉक्टर के मुँह से कोतवाली का नाम सुनकर वह हँस दी थी। डॉक्टर उसे हैरानी से देखने लगा था। ''मुझ पर कोतवाली की निगाह है डॉक्टर साहब, आदाब।'' वह डॉक्टर के कमरे से निकल आई थी...।

अपने घर में अस्पताल जाने की तैयारियाँ करते हुए उसे यह तमाम बातें याद आतीं।

''सलामत बुआ'' उसने अपनी नौकरानी को आवाज़ दी, वह दौड़ी हुई आई, ''तमाम लड़कियों से कह आना कि आज छुट्टी है।''

''छुट्टी?'' सलामत बुआ को बड़ी हैरत हुई ''आपा बी, आज तो बड़ी भीड़ का दिन है, नुसरतुल्लाह मियाँ ने अपने दोस्तों की दावत की है।''

''मैंने कह दिया न कि तमाम लड़कियों से कह आना, दावत को मैं देख लूँगी।'' शरीफ़न बिगड़ गई। सलामत बुआ चुप हो गई। कमर मटकाती हुई बावर्चीख़ाने में चली गई और शरीफ़न अपने कमरे में चली गई।

जेवरात का बक्स खोलकर उसने तमाम जेवर निकाले, फिर एक-एक करके उसने तमाम जेवर पहने और आइने में अपना अक्स देखकर मुसकराई... अब भी अच्छी खासी हूँ...उसने जेवरात फिर बक्स में रख दिए।

एक परदेदार रिक्शा में बैठकर वह अस्पताल के लिए चल पड़ी।

रास्ते में कल्लू की दुकान से गुज़रते हुए उसने आदतन कल्लू को देखा। वह लेटा हुआ कोई किताब पढ़ रहा था। उसने रिक्शेवाले को रिक्शा रोकने का हुक्म दिया। रिक्शा रुक गया।

''दो आने के पान लगवा लो, बनारसी पत्ता न लेना।'' उसने रिक्शेवाले से कहा। रिक्शे को रुकता देखकर ही कल्लू बैठ गया था।

''दो आने का पान लगा दो भैय्या।'' रिक्शेवाले ने कहा, कल्लू पान लगाने लगा। शरीफ़न पर्दे की ओट से कल्लू और कल्लू के हाथों की जुम्बिश (हिलना) देखती रही और सोचती रही कि अगर कल्लू को मालूम हो जाए कि रिक्शे पर कौन है तो वह क्या करेगा। रिक्शेवाले से पान लेकर उसने दस का नोट दिया, कल्लू दस का नोट देखकर घबरा गया।

''बेगम साहब से कह दो कि मेरे पास दस के छुट्टे नहीं हैं।'' बेगम साहब! शरीफ़न के दिमाग पर मुगरी-सी लगी, मैं बेगम साहब नहीं हूँ...मैं तो तोरी शरीफ़न हूँ रे!

''कह दो कि वापसी में पैसे ले लूँगी।''

"वापसी में ले लेंगे।" रिक्शेवाले ने आवाज़ देकर रिक्शा बढ़ा दिया और कल्लू उसका नोट लिए सोचता रह गया कि यह कहाँ भुनाऊँ, अड़ोस-पड़ोस में तो किसी दुकान पर भुन नहीं सकता।

रिक्शा शहर की भीड़ से रास्ता माँगता रहा, और शरीफ़न परदे की ओट से भीड़ की तरफ़ देखती रही। वह कई लोगों को पहचानती थी...वह मुसकरा दी।

मगर जब रिक्शा अस्पताल के कम्पाउन्ड में दाखिल हुआ तो उसका दिल धड़कने लगा। उसने रिक्शे के पिछले हिस्से से सामनेवाले स्कूल की तरफ़ देखा जिसका बड़ा दरवाज़ा खुला हुआ था और लड़कों का एक गोल हाथ किताबें लिये आपस में जोर-जोर से बातें करता एक दूसरे की पीठ पर हाथ मारता हुआ और ज़ोर से हँसता हुआ दाख़िल हो रहा था।

बीच में सड़क थी, एक तरफ़ अस्पताल था और दूसरी तरफ़ स्कूल। उस सड़क पर चलते-चलते दाहिनी तरफ़ मुड़ जाओ तो स्कूल का दरवाज़ा मिलेगा और बाईं तरफ़ मुड़ जाओ तो स्कूल का दरवाज़ा। शरीफ़न को यह बात बहुत अजीब मालूम हुई और वह एक नन्हे फलसफी की तरह सोचने लगी कि अगर गलती से दाहिनी तरफ़ जानेवाले बाईं तरफ़ मुड़ जाएँ और बाईं तरफ़ वाले दाहिनी तरफ़ मुड़ जाएँ तो क्या होगा और यह अस्पताल लड़कों के ज़िन्दगी भरे शोर को कैसे बर्दाश्त करेगा और वह स्कूल मरीजों के उतरे हुए चेहरे देखकर क्या सोचने लगा...काश मेरा रिक्शेवाला रास्ता भूल सकता और दाहिनी तरफ़ मुड़ सकता।

रिक्शा सिविल सर्जन के दफ़्तर के सामने रुक गया। वह तेज़ी से सिविल सर्जन के कमरे घुस गई।

"आदाब।"

"बैठो।" सिविल सर्जन ने कुछ काग़ज़ात पर दस्तख़त करते हुए कहा। वह चुपचाप बैठ गई। कमरे की ख़ामोशी उसे काटने लगी तो उसने कल्लू के लगाये हुए पानों की पुड़िया निकाली। काग़ज़ की आहट से उसे कुछ राहत हुई...आख़िर उसे कल्लू ने मोड़ा था। और कल्लू उसका भाई था, उसका हक़ीक़ी भाई।

पान की दो गिलोरियाँ मुँह में रखने के बाद उसने अहमद हुसैन के दो नुकरती दाने एक शीशी से निकाल कर मुँह में रख लिए। फिर बीड़े को एहतियात से जेब में रखने के बाद वह मुँह में पान का लबाब तैयार करने लगी।

"तुम्हारी रिपोर्ट आई ही होगी।" सिविल सर्जन ने कहा।

"क्या मैं बहुत बीमार हूँ।" उसने पीक को होंठों की नोक पर रोक सवाल किया।

डॉक्टर ने कोई जवाब नहीं दिया। वह किसी का एक्स-रे देखने लगा। शरीफ़न भी फेफड़ों और पसलियों के निशानों की तरफ़ देखने लगी।

"तुम बहुत बीमार हो।" डॉक्टर ने एक्स-रे को स्याह लिफ़ाफ़े में रखते हुए कहा। "यह मैं इसलिए नहीं कह रहा हूँ कि तुम घबराकर मायूस हो जाओ बल्कि एहतियात करो।" वह रुक गया। चन्द लम्हों तक दीवार पर टँगे हुए इंसानी ढाँचे के एक चार्ट को देखते रहने के बाद वह शरीफ़न की तरफ़ मुड़ा। "क्या तुम इस काम को छोड़ नहीं सकतीं? यह सवाल इसलिए नहीं कर रहा हूँ कि मैं कोई धर्मात्मा हूँ। मैं एक डॉक्टर की हैसियत से कह रहा हूँ कि यह काम बंद कर दो, वरना... ।" उसने अपनी बात ख़त्म नहीं की, वह इंसानी ढाँचे के उस चार्ट की तरफ़ देखने लगा।

"अब तो यह काम करने का वक़्त आया है डॉक्टर साहब।" शरीफ़न बोली, "आप यही कहते-कहते रुक गए थे ना कि मैं बीमारी की एक पोटली हूँ। अब मैं लोगों को लज़्ज़त नहीं दे सकती, घिनावनी मौत दे सकती हूँ। मैं भी यही चाहती हूँ।" वह फिर रुक गई। "मैं तो एक ग़रीब माँ वाले की बहन शरीफ़न थी, लोगों ने मुझे आपा बना दिया और यह बीमारी उनकी अमानत है। मैं आपा बी से शरीफ़न नहीं बन सकती, लेकिन मैं अमानत में ख़यानत कैसे करूँ आख़िर एक दिन मुझे भी मरना है।"

"मैं तुम्हें पुलिस के हवाले कर दूँगा।"

"क्यों बेचारे बीस-बाईस रुपए पानेवाले सैय्याहों की ज़िन्दगी ख़राब कीजिएगा।"

शरीफ़न बड़ी बेदर्दी से हँसी, डॉक्टर काँप गया, "मैं आपसे एक वादा करती हूँ, कल से मैं अपना काम बंद कर दूँगी। बस मुझे एक दिन की ज़रूरत है।"

"ये नुस्खा लो।" डॉक्टर ने उसकी तरफ़ एक नुस्खा बढ़ा दिया। "एक तो मरहम है। पहले लाल सफ़ूफ़ को गर्म पानी में घोलकर जख़्मों को धोना, फिर यह मरहम लगा लेना, दिन में तीन-चार बार और बड़ी शीशी वाली दवा खाना खाने से पहले दूध में मिलाकर पी लेना... ।" डॉक्टर नुस्खे की तरक़ीब बताता रहा। वह सुनती रही। "मगर जाने से पहले एक बात सुन लो।" डॉक्टर ने फिर कहना शुरू किया, "अब तुम उस मंज़िल में हो

कि जिसे तुम अपने मर्ज़ में शरीक करोगी उससे इस मर्ज़ को उसके बच्चे विरासतन (पीढ़ी दर पीढ़ी) पाएँगे, क्या तुम इसके लिए तैयार हो?''

शरीफ़न डॉक्टर के इस सवाल पर लरज़ उठी। उसके रोंगटे खड़े हो गए। मगर धीरे-धीरे उसकी आँखें चमकने लगीं। उसका चेहरा सख़्त हो गया, उसने बड़े ग़ायबाना अन्दाज़ में डॉक्टर की तरफ़ देखा। डॉक्टर की निगाहें झुक गईं। उसे उसके सवाल का जवाब मिल गया था।

''हाँ, मैं इसके लिए तैयार हूँ डॉक्टर साहब।'' उसने बिला झिझकते हुए बिला शरमाते हुए बहुत साफ़ लहजे में एक-एक लफ्ज़ को अलग-अलग करके कहा। ''मुझे उन बच्चों से कोई हमदर्दी नहीं है, क्योंकि मैं कभी उन बच्चों की माँ नहीं बन सकती, एक बार माँ बनने का मौक़ा आया था मगर बनते- बनते रह गई। उसके बाद ऐसा हुआ कि धन्धे की ज़रूरतों का ख़याल करते हुए मैं माँ बनने से परहेज करने लगी। मैंने वह क़िस्सा ही ख़त्म कर दिया।'' वह खड़ी हो गई, ''अच्छा आदाब।''

हफ़्ते में एक बार ज़रूर आ जाया करो। मैं मर्ज़ पर निगाह रखना चाहता हूँ। तुम्हारे अच्छे होने की तरफ़ से मैं मश्कूक (शक) हूँ। मश्कूक़ इसलिए कि मेरे पेशे की जिम्मेदारी मुझे मायूस होने का हक़ नहीं देती।''

शरीफ़न कमरे से निकलकर फिर रिक्शे पर बैठ गई।

मगर वह जैसे ही घर पहुँची वैसे ही सलामत बुआ ने उसे नौ रुपए चौदह आने थमा दिए। ''कल्लू पान वाला दे गया था।''

''कल्लू पान वाला...! क्या वह यहाँ आया था!''

''हाँ।'' सलामत बुआ ने बड़ी हैरानी से कहा।

''अन्दर आ गया था?''

''नहीं, बाहर दरवाज़े पर था।'' सलामत बुआ की हैरानी में और इजाफ़ा हो गया।

''कहाँ खड़ा हुआ था?'' वह सलामत बुआ को घसीट कर दरवाज़े पर ले जाते हुए बोली। सलामत बुआ घिसटती हुई चली गई। शरीफ़न दरवाज़े पर रुक गई, ''कहाँ खड़ा हुआ था?''

''यहाँ।'' सलामत बुआ ने दरवाज़े के बाईं बाजू की तरफ़ इशारा करते हुए कहा।

शरीफ़न दरवाज़े के बाईं बाजू से लिपट कर बच्चों की तरह बिलख-बिलखकर रोने लगी। सलामत बुआ हैरानी से देखती रह गई। वह रोने की

वजह से वाकिफ़ नहीं थी। फिर तस्कीन क्या देतीं। उसे क्या मालूम था कि आपा बी नहीं रो रही हैं, बल्कि शरीफ़न रो रही है...कल्लू पानवाले की बहन शरीफ़न, शेख कलूट की लड़की शरीफ़न, आरज़ू बाई की नौकरानी शरीफ़न, नुसरतुल्लाह की दाश्ता (रखैल) शरीफ़न...।

शरीफ़न दरवाज़े के बाजू से लिपट-लिपटकर रो रही, जैसे वह बाबुल का घर छोड़ कहीं जा रही हो, दूर देसी हो रही हो, विदेशी हो रही हो...।

बाबुल मोरा नइहर छूटल जाये
चार कहार मोरी डोलिया उठा दे
अपना बेगाना छूटल जाये
अंगना तो परबत भयो, दोहरी भईल बिदेस
ले बाबुल घर आपनो मैं चली पिया के देस।

उसने दुपट्टे से आँसू पोंछ लिए, ये तो किराए के मकान के दरवाज़े का दाहिना बाजू था। यह कल्लू नहीं था...यह तो कल्लू मंज़िल के दरवाज़े का बाजू भी नहीं था कि वह इससे लिपट कर रोती रहती।

"तुम लड़कियों से कह आईं।" उसने फिर आँगन में क़दम रखते हुए कहा।

"कुछ से कह आई हूँ।" सलामत बुआ ने कहा, "कुछ से दोपहर में कह आऊँगी।"

वह चुपचाप अपने कमरे में चली गई।

वह अपने पलंग पर लेट गई।

डॉक्टर साहब इस आपा बी का कुसूर नहीं है, आप नहीं जानते कि शरीफ़न को आपा बनने में क्या-क्या बर्दाश्त करना पड़ा है। अब देखिए, उस आपा बी को जो एक लम्हे के लिए शरीफ़न बन गई थी और दरवाज़े के उस बाजू से लिपटी रो रही थी जिसके सहारे उसका भाई कल्लू खड़ा हुआ था। आपने उसका बड़ा दिल दुखाया है। आपने चुपचाप नुस्ख़ा लिख दिया होता। या अगर उसे मशविरा दिया भी था तो सवाल न किया होता...उन बच्चों के बारे में सवाल न किया होता जो बाद में पैदा होंगे, और आपा बी का मर्ज़ लेकर पैदा होंगे...!

वह छत की तरफ़ देखती रही और उलटी-सीधी बातें सोचती रही।

मसलन वह यह सोचती रही कि अगर उस रात महताब सिनेमा न गई होती और वह आरज़ू के घर पर रुक न गई होती तो शायद उसकी कहानी का अन्दाज़ ही और होता।

महताब की शादी कल्लू से हो गई होती और वह पेट में बच्चे को लिये लिये कुएँ में न कूद पड़ती होती, बल्कि बच्चे की खबर सुनकर कल्लू मंज़िल में गीत गाये गए होते...और ख़ुद उसकी कहीं शादी कर दी गई होती और इस वक़्त वह लेटी हुई टुकर-टुकर छत न देखती होती बल्कि अपने बच्चों को खिला रही होती, उन्हें पीट रही होती, कोस रही होती या लेटा-लेटा कर प्यार कर रही होती...।

आमतौर पर कुछ मामूली...बिलकुल मामूली वाकेयात ज़िन्दगी का रुख बदल देते हैं।

तर्बियों (Commedy) को इल्मिया (Tragedy) और इल्मियों को तर्बिया बना देते हैं। दुनिया में अनगिनत लड़कियाँ रोज़ाना सिनेमा देखने जाती हैं। मगर हर लड़की को कुएँ में कूदकर मरना नहीं पड़ता। अनगिनत नौकरानियाँ अपने मालिकों के घर में रहती हैं, लेकिन उनमें से सबको आपा बी नहीं बनना पड़ता। कोई एक महताब कुएँ में कूदकर जान देती है और कोई एक शरीफ़न आपा बी बन जाती है...या चन्द महताबें कुएँ में कूदकर जान देती हैं। और चन्द शरीफ़नें आपा बन जाती हैं।

मैं...शाहिद अख़्तर इन मामूली वाक़यात को रोकने पर कादिर नहीं हूँ। वरना मैं शरीफ़न को आपा बी न बनने देता, महताब को कुएँ में कूदकर मरने न देता। शोभावती को कत्ल न होने देता, और लाजवन्तियों सबीहाओं, उजराओं और नूरजहाँ को आपा बी के घर न आने देता।

मगर मैं...शाहिद अख़्तर...सिर्फ़ एक फर्द (आदमी) हूँ। इतना कर सकता हूँ कि आवाज़ें एहतेजाज (विरोध) बुलन्द करूँ। इसलिए इस वक़्त जबकि थकी हुई शरीफ़न बेबसी से छत की तरफ़ देख रही है। मैं आवाज़ें एहतेजाज बुलन्द करती हूँ। मगर कारोबारे तमन्ना की भीड़-भाड़ में मेरी आवाज़ कौन सुनेगा, न अपने कन्धे पर सलीब (क्रास) उठाकर बैतुलमुकद्दस की गलियों में वकार से चलने वाला मछेरा है और न फारान की बुलन्दियों से आवाज़ेहक़ बुलन्द करने वाला गड़रिया...मैं किस से कहूँ कि मेरी शरीफ़न पर चढ़े हुए आपा बी के खोल तोड़ दो, उसका दम घुट रहा है और मेरी अँगुलियाँ इतनी मजबूत नहीं हैं...।

शरीफ़न मेरी आवाज़ पर कोई नहीं आता, इसलिए उठो, मैं सिविल सर्जन नहीं हूँ, तुम्हारा ख़ालिक हूँ। मैं तुमसे यह नहीं कहूँगा कि तुम ज़हर की पोटली हो, यह पेशा बंद कर दो। उन बच्चों का ख़याल करो जिनके बापों को तुम उनकी अमानत वापस करने वाली हो। मैं तुमसे हर्गिज यह बात नहीं

कहूँगा। उठो और इन्तेकाम के लिए इन्तेज़ार में खड़ी हो जाओ। अगर मैंने अच्छे दिन देखे तो मैं उन अच्छे दिनों को तुम्हारी कहानी ज़रूर सुनाऊँगा। मैं तुमसे शर्मिन्दा हूँ शरीफ़न, मैं तुमसे बहुत शर्मिन्दा हूँ।

शायद उसने मेरी बात सुन ली।

उसने छत की तरफ़ देखना बंद कर दिया, उसने आँखें बंद कर लीं। वह सो गई। वह देर तक सोती रही और अच्छे-अच्छे ख़्वाब देखती रही, ख़्वाब ही में उसे बार-बार मुसकराना पड़ा और एक बार तो वह खिलखिला कर हँस दी। फिर अपनी ही हँसी की आवाज़ से उसका ख़ूबसूरत ख़्वाब टूट गया। उसकी आँखें खुल गईं। उसने देखा कि वह शरीफ़न नहीं है। वह आपा बी है। और सिविल सर्जन उसकी तरफ़ से इसलिए मायूस नहीं हुआ है कि उसके पेशे की महारत उसे मायूस होने की इजाज़त नहीं देती...।

कहीं करीब ही से असर की अज़ान की आवाज़ आ रही थी।

वह लेटी-लेटी मुअज्जिन की आवाज़ सुनती रही। उसकी समझ में अरबी के कलमात नहीं आ रहे थे, मगर वह इतना जानती थी कि यह अज़ान है और मुअज्जिन नमाज़ के लिए दावत दे रहा है।

मुअज्जिन की आवाज़ ख़त्म हो गई। उसने महसूस किया कि जैसे क़ायनात में हर तरफ़ यकलख्त (एकाएक) सन्नाटा हो गया है। कोई आवाज़ ही नहीं है। चन्द लम्हों तक तो उसने इस बाहरी ख़ामोशी को बर्दाश्त किया, फिर एसाब (हवास) के चटकने की आवाज़ आने लगी। वह घबराकर उठ बैठी।

उसने कलूट और कल्लू दोनों को वजू करते देखा था। दालान के दर पर बैठकर उसने वजू के तरीके को याद करना शुरू किया...फिर वजू करके एक साफ़ चादर बिछाकर नमाज़ पढ़ने खड़ी रही, फिर झुकी, फिर सजदे में चली गई।

नमाज़ पढ़ने के बाद उसने अपने आपको बहुत हलका महसूस किया जैसे वह फिर शरीफ़न बन गई हो...या जैसे वह शरीफ़न ही रही हो, आपा बी बनी ही न हो।

फिर वह शाम की तैयारियाँ करने लगी।

धीरे-धीरे सूरज डूब गया। निगार टाकीज के सामने भीड़ बढ़ने लगी। नुसरतुल्लाह अपने दोस्तों के साथ पिछले दरवाज़े से आया, शरीफ़न ने मुसकराकर उनका इस्तकबाल (स्वागत) किया।

“अरे भई सन्नाटा क्यों है, तुम्हारे पटाखे कहाँ हैं?” नुसरतुल्लाह ने कहा।

“आज तो सिला हुआ पटाखा ही है।” उसने जवाब दिया। नुसरतुल्लाह और उसके तमाम साथी हँस दिए। “तशरीफ़ रखिए।”

“ये भी बुरी नहीं है।” एक मेहमान ने नुसरतुल्लाह को कुहनी मारी।

“अब क्या है, कुछ बरस पहले देखते तो मालूम होता, यह एक चीज़ थी।” फिर एक कहकहा लगा, शरीफ़न भी हँस दी।

नुसरतुल्ला के मेहमान देर रात तक रहे। उन लोगों के जाने के बाद उसने गरम पानी में लाल सफूफ़ घोला। अब वह बाक़ायदा इलाज शुरू कर सकती थी। वह अपना इन्तक़ाम ले चुकी थी।

ज़ख़्मों को धोकर उसने मरहम लगा दिया। दूसरे ही दिन से उसने लड़कियों को मुस्तक़िल छुट्टी दे दी है।

कहानियाँ

एक जंग हुई थी कर्बला में

ज़ैनब की आँखों में रास्ते की धूल थी, उसने अँगुलियों से आँखें मलीं...हाँ, सामने मदीना ही था। नाना मुहम्मद का मदीना। ज़ैनब की आँखें भर आईं, लेकिन रोना किसलिए?

बग़लवाले महमिल का पर्दा उठाए कुलसूम का मर्सिया झाँक रहा था :

ऐ नाना के मदीने,
हमें स्वीकार न कर
हमें स्वीकार न कर क्योंकि हम गए थे तो गोदें भरी थीं
और लौटे हैं तो गोदें वीरान हैं...

एक तरफ़ से मदीना आ रहा था। दूसरी तरफ़ से ज़ैनब का कारवाँ बढ़ रहा था...और यादों का दर्द बढ़ता जा रहा था। वह कुछ कैसे बता पाएगी? उसकी आँखों में आँसुओं की न जाने कितनी नदियाँ सूख चुकी थीं, उसे ऐसा लगा, जैसे सामने मदीना नहीं है, बल्कि माँ खड़ी है—बाँहें, फैलाए। आँसू ज़ैनब के गले में उतर आए—माँ, हम हुसैन को खो आए!

हुसैन। इस नाम में न जाने क्या था कि ज़बान पर आते ही घुल गया और अमृत बनकर रंगों में दौड़ने लगा और बाँहों पर पड़े रस्सियों के निशान मिट गए और ज़ैनब को ऐसा लगा, जैसे सब साथ है, जैसे अब्बास और अली अकबर अब सवारियों के उतारने का बंदोबस्त करने आने ही वाले हैं। जैसे वह हुसैन की आवाज़ सुनने ही वाली है—बहन, उतरो, मदीना आ गया।

ज़ैनब को वह रात अच्छी तरह याद थी जब मदीना के गवर्नर वलीद इब्ने-अकबा ने हुसैन को अपने घर बुलाया था, हुसैन तैयार हुए तो फातमी जवान भी तलवारें लेकर उठ खड़े हुए क्योंकि सब जानते थे कि वलीद ने हुसैन को क्यों बुलवाया है। वलीद के पास दमिश्क से यह फ़रमान आया

हुआ था कि हुसैन से कहो कि सिर झुका दें और अगर वह सिर न झुकाएँ तो सिर काट लिया जाए। वलीद को मालूम था कि जिसे फ़ातिमा ने चक्की पीस-पीस कर पाला है और यहूदियों के बाग़ में पानी चलाकर जिसे अली ने सिर बुलंद करने का सबक़ दिया है, वह सिर नहीं झुकाएगा। यही हुआ। हुसैन उससे यह कहकर चले आए कि हुसैन कोई काम रात के अँधेरे में चुपचाप नहीं करता। सुबह को जवाब दिया जाएगा। परन्तु सुबह होने से पहले हुसैन ने मदीना छोड़ दिया।

ज़ैनब अपने दो बेटों को लेकर भाई के साथ चली, बड़ा बेटा औन 11 साल का था और छोटा बेटा मुहम्मद 10 साल का। अब्दुल्ला ने दोनों बेटों को ज़ैनब के हवाले करके कहा था—ज़ैनब, मैं बीमार न होता तो ख़ुद चलता। कोई बुरा समय आ जाए तो मेरी ओर से इन लड़कों को हुसैन पर न्यौछावर कर देना।

यात्रा शुरू हुई। नीचे रेत थी, ऊपर आसमान और वही चमचमाता हुआ सूरज। बच्चे पानी माँग रहे थे। हुसैन का घोड़ा पानी माँग रहा था और अरब के मशहूर सूरमा हुर की सेना कूफे के गवर्नर इब्ने ज़्याद के हुक्म से हुसैन को घेरने के लिए आ पहुँची थी। वह सेना परछाई की तरह कर्बला तक हुसैन के साथ आई।

फ़ुरात का पानी देखकर हुसैन ने घोड़े की लगाम खींच ली, जवानों ने अंगों के बाँध खोल दिए, बच्चे किलकारियाँ भर कर उछल पड़े...नहर चल रही थी। कारवाँ रुक गया था।

फिर ताबड़तोड़ फ़ौजें आने लगीं : सेनाध्यक्ष अमर इब्ने साद ने हुक्म दिया कि नहर के किनारे शाही सेना का पड़ाव पड़ेगा। हुसैन ने सौतेले भाई अब्बास से कहा—मैं चाहता हूँ कि शाही इतिहासकार को हमारी मौत से जोड़ने के लिए कोई बात न मिले। मैं यह चाहता हूँ कि वह केवल यह लिख पाए कि शाही फ़ौजों ने मुहम्मद की औलाद को क़त्ल कर दिया। अब्बास चुप हो गया। ख़ेमे उखाड़े गए और उन्हें ठंडे पानी से बहुत दूर दहकती हुई रेत में गाड़ दिया गया। हुसैन ने यही कहा था—मैं पानी के लिए लड़ना नहीं चाहता। मैंने सिर झुकाने से इनकार किया। सिर न झुकाना मनुष्य का अधिकार है। मैं केवल इस अधिकार के लिए लड़ना चाहता हूँ।

हर तरफ़ एक ही आवाज़ थी—पानी! पानी! और हुसैन के कंधे ज़िम्मेदारी के बोझ से दुखने लगे थे।

रात को फ़ैसला कर लिया गया कि सुबह ही लड़ाई होगी।

सबेरा हुआ। ज़ैनब ने औन और मुहम्मद की कमर से तलवारें बाँध दीं और कहा—मामू के साथ सुबह की नमाज़ पढ़ो। हुसैन ने नमाज़ पढ़वाई।

सामने यज़ीद की सेना थी। पीछे खेमों में औरतें और बच्चे थे। डेढ़ सौ सिपाही दस हज़ार सिपाहियों के सामने सीना ताने खड़े थे। डेढ़ सौ सिपाहियों में सबसे छोटा सिपाही 10 वर्ष का मुहम्मद था और सबसे बड़ा अड़सठ वर्ष का हुसैन।

यकायक शाही फ़ौज में एक शोर हुआ। ज़ैनब जो द्वार पर खड़ी भाई की तरफ़ देख रही थी, चौंक उठी। सामने से चार सवार चले आ रहे थे। ज़ैनब ने हुर को पहचान लिया।

और फिर जो कुछ हुआ उसे ज़ैनब भूल जाना चाहती थी। उसने औन और मुहम्मद को घायल होकर गिरते देखा, उसने अली अकबर को बरछी खाते देखा। उसने अब्बास की बाँहें कटते देखीं। उसने 10 वर्ष के क़ासिम की लाश को घोड़ों के सुमों में आते देखा। उसने देखा कि हबीब अपनी भवों को ऊपर उठाकर रूमाल से बाँध रहे हैं। उसने मुस्लिम इब्ने औसजा को तीरों से छलनी होते देखा। उसने आसमान की तरफ़ देखा। आसमान में सूरज अकेला था और कर्बला में हुसैन।

हुसैन कभी दिखाई देते, कभी डूब जाते। ज़ैनब चाहती थी कि सब कुछ अपनी आँखों से देखें। सामने एक टीला था। वह टीले पर जा चढ़ी.. .तीसरे पहर की नमाज़ का समय आ गया था, हुसैन घोड़े से उतर पड़े। ज़ैनब ने उनका सिर सिजदे में झुकते देखा। फिर भीड़ इतनी बढ़ गई कि टीला नीचा हो गया। ज़ैनब कुछ न देख सकी और फिर भीड़ में एक नेज़ा उठा। उस पर हुसैन का सिर...कितना ऊँचा!

...कुलसूम अपना मरसिया गुनगुना रही थी :

—नाना के मदीने

—हमें स्वीकार न कर...।

सिकहर पर दही निकाह भया सही

मीर ज़ामिन अली बड़े ठाठ के जमींदार थे। जमींदारी बहुत बड़ी नहीं थी। परन्तु रोब बहुत था। क्योंकि दख़ल और बेदख़्ली का जादू चलाने में उनका जवाब नहीं था।

मीर साहब ने उस्ताद लायक अली से गाने के सबक लिए थे और ईमान की बात यह है कि खूब गाते थे। संगीत उनके गले में उतरा हुआ था। बड़ी-बड़ी मशहूर गानेवालियाँ महफ़िल में उन्हें देख लेतीं तो कान छूकर गाना शुरू करतीं। बड़ी बांदी जैसी गानेवाली का शिकार ही उन्होंने रसीली आवाज़ से किया था, वरना कहाँ खलिसपुर के ठाकुर साहब और कहाँ मीर जामिन अली। बड़ी बांदी उनकी आवाज़ पर मर मिटी थी। परन्तु जब वह असमियों को गाली देते तो उनकी आवाज़ का रूप बदल जाता। जेठ की गर्म हवा की तरह उनकी दी हुई गालियाँ जिसके पास से गुज़र जातीं, उसको झुलस देतीं। और चूँकि वह कोई छोटा काम करना पसंद नहीं करते थे। इसलिए छोटी गालियाँ भी नहीं देते थे। गाँववालों को उनकी गालियों से बहुत-सी ऐसी बातें मालूम हुई थीं, जो औरों को शरीर-विज्ञान के बड़े-बड़े पोथे पढ़कर भी मालूम नहीं हो सकती। अफसोस कि उनके जीवन में किसी को यह ख़याल न आया और उनकी गालियाँ उन्हीं के साथ मर गईं।

ये मीर ज़ामिन अली बड़े रख-रखाव के आदमी थे। ज़िन्दगी भर नमाज़ पढ़ते रहे, गालियाँ बकते रहे और गुनगुनाते रहे और चूँकि वे खुद परम्पराओं का ख़याल रखते थे इसलिए उनका ख़याल था कि जीवन भी परम्पराओं का ख़याल रखेगा। परन्तु ऐसा नहीं हुआ। वे परिवर्तन के विरोधी थे इसीलिए उनका कहना यह था कि कांग्रेसवाले भबकी दे रहे हैं। जमींदारी भला कैसे ख़त्म हो सकती है! चुनांचे वे गालियाँ बकते रहे, मुश्कें कसवाते

रहे, बेगार लेते और अल्लाह का शुक्र अदा करते रहे...परन्तु एक रात को मिट्टी के तेल की तरह जमींदारी ख़त्म हो गई। लालटेन भबक के बुझ गई और घर में अँधेरा हो गया।

यह घर बहुत बड़ा था। इस घर में छह शताब्दियाँ रहती थीं। छह शताब्दियों में बकी जानेवाली गालियाँ रहती थीं। छह शताब्दियों के किसानों की सिसकियाँ रहती थीं। इसीलिए जब अँधेरा हुआ तो मीर ज़ामिन अली डर गए। वे अँधेरे से नहीं डरे। वे डरे छह शताब्दियों की अनगिनत परछाइयों से, जो एकदम से जी उठी थीं, जो मीर साहब अकेले रहे होते तो शायद इन परछाइयों से डरकर मर गए होते। परन्तु वे अकेले नहीं थे, एक बीवी थी। दो बेटियाँ थीं। एक पुश्तैनी नौकरानी थी। एक उसका बेटा था...

परन्तु इस रात में उन्हें कोई शक नहीं था कि अब वे अपने गाँव में नहीं रह सकते थे। चुनाँचे वे शहर उठ गए। ज़ाहिर है कि शहर में उन्हें उतना बड़ा मकान मिल नहीं सकता था। जितने बड़े मकान में रहने के वे आदी थे। उनका घर इस शहर से पुराना था इसलिए मीर साहब की आत्मा शहर में समा नहीं रही थी।

किराए के जिस घर में वे सब आबाद हुए, वह एक छोटा-सा दोमंज़िला मकान था। एक छोटा-सा आंगन था। मीर साहब जब गर्मी की पहली रात गुज़ारने के लिए उस आंगन में लेटे तो उन्हें ऐसा लगा कि जैसे चारों तरफ़ खड़ी ऊँची हुई दीवारें गर्दन झुका-झुकाकर उन्हें देख रही हैं और आपस में इशारे करके मुसकरा रही हैं।

मीर साहब घबराकर उठ बैठे। उन्हें प्यास लग रही थी। वे घड़ौंची की तरफ़ चले। रास्ते में एक पलंग पर उन्हें बड़ी बेटी रुकय्या की नींद मिली, जो उसकी जवानी का बेचुना दुपट्टा ओढ़े करवटें बदल रही थी फिर उन्हें दूसरी बेटी रज़िया का बचपन मिला। दस-बारह साल की रज़िया नींद में बड़बड़ा रही थी कि उसे यह घर बिलकुल पसंद नहीं...तीसरे पलंग पर उनकी पत्नी आमेना थी, वह जाग रही थी। फिर घड़ौंची थी और घड़ौंची के उधर एक बंसखट पर मत्तो लेटी नींद में बाँस का चर्खीदार पंखा झल रही थी। और आख़िर में, बिलकुल दीवार के पास मत्तो का बेटा शौकत सो रहा था।

मीर साहब ने ठंडे झज्जर को छुआ। झज्जर की ठंडक उनके बदन में समा गई। थोड़ी देर तक वे झज्जर पर हाथ रखे खड़े रहे। फिर चांदी के

नक्शीन कटोरे में पानी उड़ेलकर उन्होंने एक ही साँस में कटोरा खाली कर दिया।

वे आमेना के पलंग के पास रुक गए। उन्हें मालूम था कि वह जाग रही है। आमेना साँस रोके पड़ी रही। मीर साहब पट्टी पर बैठ गए। पट्टियाँ बोल उठी—आमेना घबराकर उठ बैठी।

"अरे, क्या करते हो। बग़ल में जवान बेटी सो रही है, जाग पड़ी तो क्या सोचेगी दिल में।"

लेकिन मीर ज़ामिन अली को इसमें कही ज़्यादा महत्त्वपूर्ण बातों ने परेशान कर रखा था...दुनिया क्या सोचेगी यदि जल्द रुकय्या का ब्याह न हो गया। उन्हें याद था कि उनकी बहनों की शादियाँ नवें बरस हो गई थीं। इस हिसाब से तो अब तक रज़िया की शादी को दो बरस पुरानी बात हो जाना चाहिए था। परन्तु बेटी की उम्र बड़ी बेहया और बेदर्द होनी है। मुँह पर चढ़ी आती है।

मीर साहब शहर आने से पहले वहाँ गाँव में भी रुकय्या की शादी की फ़िक्र के चटियल मैदान में रातों की नींद को हाँपता देख चुके थे। लड़का मिलता तो खानदान न मिलता, खानदान मिलता तो लड़का न मिलता। और फिर तो ऐसा हुआ कि ऐसी तेज हवा चली कि लड़कों को सीमा पार उठा ले गई। माँग यहाँ रह गई, सिंदूर लगानेवाली उँगलियाँ उधर चली गई। जिन घरों में कल तक लड़के रहा करते थे, उनमें कस्टोडियन का प्रेत बस गया था। अब वे किसी धुने जुलाहे से तो अपनी बेटी ब्याह नहीं सकते थे। और कुछ दिनों के बाद रज़िया की जवानी भी सब को दिखाई देने लगेगी, इसी डर से उन्होंने रज़िया को गांधी मेमोरियल मुस्लिम गर्ल्स हायर सेकेंड्री स्कूल में दाखिला करवा दिया था। अब कम से कम वे कह सकते थे कि बच्ची अभी पढ़ रही है। परन्तु रुकय्या के कुँवारेपन के लिए तो उनके पास कोई बहाना भी नहीं था।

"रुकय्या के लिए मियाँ शम्सुल का रिश्ता मान लेने के सिवा कोई चारा नहीं रह गया है।" मीर साहब ने आमेना की बात अनसुनी करते हुए कहा। आमेना घबरा कर उठ बैठी।

"सठिया गए हो क्या?" उसने तकिए के नीचे से दुपट्टा निकालकर ओढ़ते-ओढ़ते पूछा, "तुम खुद कहते हो कि शम्सुल मियाँ तुम से तीन-चार साल बड़े हैं।"

"क्वाँरी रह जाने से अच्छा है कि लड़की बेवा हो जाए," मीर साहब ने कहा।

उस छोटे से आंगन में सन्नाटा हो गया। पट्‌टी की चरचराहट सुनकर जाग उठनेवाली रुकय्या के दिल में भी सन्नाटा हो गया। आंगन में सन्नाटा इतना गहरा था कि कोई गिरता तो डूब जाता।

पलंग की पट्‌टी फिर चरचराई। रुकय्या ने आँखें बंद कर लीं। वह मीर साहब की चाप सुन सकती थी। चाप उसके पलंग के पास आकर रुक गई रुकय्या का गला सूख गया था। वह थूक घूँटना चाहती थी। परन्तु इस डर से थूक नहीं घूँट रही थी कि कहीं बाबा देख न लें।

पल भर के बाद चाप दूर चली गई।

दूसरे दिन रज़िया ने स्कूल में अपनी सहेलियों को यह बात बताई कि उसकी आपा की शादी होनेवाली है किसी शम्सुल मियाँ के साथ।

"क्या वे कोई बहुत बड़े आदमी हैं?" किसी साथी ने पूछा।

"बहुत बड़े आदमी हैं जनाब," रज़िया ने गर्दन अकड़ाकर कहा, "बाबा से भी चार साल बड़े हैं।"

रज़िया बहुत खुश थी कि उसकी आपा का ब्याह होनेवाला है। अपनी खुशी में उसने इस बात को कोई महत्त्व नहीं दिया कि रुकय्या को चुप लग गई है या यह कि जब देखीं तब अम्माँ की आँख में कुछ न कुछ पड़ जाता है या यह कि बाबा ने डाँटना बिलकुल बंद कर दिया है। वह तो स्कूल से आती और मत्तो के पास बैठ कर आपा की शादी की बातें करने लगती। वह यह सोच-सोचकर खुश हुआ करती कि दूल्हा भाई को वह कैसे-कैसे छकाएगी।

पास ही चटाई पर बैठा बीड़ी बनाता हुआ शौकत ये बातें सुनता रहता और कहीं-कहीं बोल पड़ता।

शौकत को खड़े नाक-नक्शेवाली यह साँवली-सी रज़िया बहुत अच्छी लगती थी। रज़िया उसे हमेशा से पसंद थी। वह कोई छह-सात साल का था। और मत्तो नहलाने-धुलाने के बाद उसे ईद का जोड़ा पहना रही थी। तब उसकी बड़ी बहन जीनत फेकू मियाँ के लड़के के साथ पाकिस्तान नहीं भागी थी।

उसने कहा था, "तैं त अइसा सजा रही सौकतवा के कि जना रहा कि ई अभई जय्यहे और पंचफुल्ला रानी को बिआह लिअय्यहे!" यह सुनकर उसने अपनी बहन की तरफ़ बड़ी हिकारत से देखकर कहा था। "हम पंचफुल्ला रानी ओनी से बिआह ना करे वाले हैं। हम न भय्या रज़िया बहिनी से बिआह करेंगे।" यह सुनकर कँघी करता हुआ मत्तो का हाथ रुक गया था। उसने एक तमाचा मारा था। आठ साल बाद भी रज़िया को देखकर वहाँ अब भी हलका-हलका दर्द होने लगता था, जहाँ मत्तो का तमाचा पड़ा था।

शौकत ने कनखियों से रज़िया की तरफ़ देखा। वह अपनी ओढ़नी का साफा बाँधे रुकय्या का दूल्हा बनी बैठी थी। फिर वह खुद ही मौलवी बनकर निकाह पढ़ने लगी। सिकहर पर दही निकाह भया सही...

ज़ाहिर है कि सिकहर पर दही कहने से निकाह नहीं हो जाता। रुकय्या का निकाह तो बाकायदा दो मौलवियों ने अरबी में पढ़वाया।

शम्सू मियाँ बड़े ठाठ की बरात लाए। चढ़ावा देखकर मुहल्लेवालों की आँख खुल गई। पाँच मन मेवा। इक्कीस मन चीनी, इक्यावन जोड़े। एक जोड़ा मुरस्सा। जड़ाऊ नथ।

रज़िया का जी चाहा कि वह खुद शम्सू मियाँ से ब्याह कर ले। छोटा-सा घर उसकी सहेलियों से भरा हुआ था। मिरासनें गालियाँ गा रही थीं :

सुन रे वन्नो तेरी बहिना को आख़िर,
ले भागा थानेदार।
डुग्गी बाजे।

गालियों के भीड़-भड़क्के में रज़िया लोगों की आँखें बचा-बचाकर खूब पान खा रही थी।

सड़क पर रायसाहब के अहाते में बरात शामियाने के नीचे खिलौनों की किसी दुकान की तरह सजी हुई थी। शम्सू मियाँ भारी सेहरे में मुँह छिपाए जापानी बबुए की तरह मौलाना की बात सुनकर सिर हिलाने लगे। शौकत उस जापानी बबुए की तरफ़ टकटकी बाँधे देख रहा था। उसे दूल्हा मियाँ बिलकुल पसंद न आए। वह बड़ी बहिनी को बहुत चाहता था। और जब मौलाना रुकय्या से शम्सू मियाँ का निकाह पढ़ रहे थे, वह यह सोच रहा था कि कहीं मीर साहब छोटी बहिनी को कोई बुड्ढे से न बियाह दें...परन्तु शादी के हंगामों में यह कौन सोचता है कि एक पुश्तैनी नौकरानी का छोकड़ा शौकत क्या सोच रहा है। और शौकत के सोचने या न सोचने से फ़र्क़ ही क्या पड़ सकता है। शौकत का घराना पिछली तीन शताब्दियों से मीर साहब

के घराने में नौकरी करता चला आ रहा था। मीर ज़ामिन अली के घराने का कोई न कोई आदमी काम कर रहा था। सच्ची बात यह है कि अब इन लोगों की हैसियत केवल नौकरी की नहीं थी। ये बराबर बैठ नहीं सकते थे परन्तु घरवालों में गिने जाते थे। इन लोगों को तनखाह भी नहीं मिलती थी। इन्हें जेब खर्च मिलता था। और साल में दो बार जब घरवालों के कपड़े-लत्ते बनते थे, तो इनके लिए भी जोड़े तैयार होते। यही कारण है कि मीर साहब के घराने की औरतें शौकत के घराने के मर्दों से पर्दा भी नहीं करती थीं। और इसीलिए शौकत को यह हक था कि रुकय्या और शम्सू मियाँ की शादी पर दिल बुरा करे। और इसीलिए जब बरात चली गई और घर में सन्नाटा हो गया, तो शौकत ने मीर साहब से दिल की बात कह दी। "ए मियाँ, बड़की बहिनी के वास्ते ए से अच्छा दुलहा ना मिल सकता रहा का?"

मीर ज़ामिन अली रात का खाना खाने के बाद हुक्का पीने की तैयारी कर रहे थे। हुक्के की नय की तरफ़ बढ़ता हुआ उनका हाथ रुक गया। उन्होंने शौकत की तरफ़ देखा। शौकत झुका हुआ गट्टा दबा रहा था। परन्तु उनकी आँखों का रंग देखकर मत्तो का दिल धक से हो गया।

"उसे क्या घूर रहे हो?" आमेना आड़े आ गई, "सारी दुनिया यही कह रही है। शम्सू मियाँ का छोटा बेटा अपनी रुकय्या से चार साल बड़ा है। इस ब्याह से अच्छा तो यह होता कि हम उसे चुपके से कुछ खिलाकर सुला देते।"

रज़िया ज़रा दूर थी। उसने केवल यह सुना कि रुकय्या को कुछ चुपके से खिलाने की बात हो रही है तो वह जहाँ थी वहीं से चिल्लाई, "हम भी खाएँगे।"

"मैंने तो खैर रुकय्या की शादी कर दी है। तुम चाहो तो रज़िया को कुछ खिला दो।" यह कहते हुए उन्होंने हुक्के की नय सीधी कर दी और बेटी की तरफ़ देखे बिना उठकर बाहर चले गए।

और यूँ मर्दाने में ज़्यादा समय बिताने के दिन शुरू हो गए। अब जो मीर साहब ज़्यादातर बाहर रहने लगे तो घर में रज़िया और अकेली हो गई। उसकी समझ में नहीं आता था कि इस छोटे से एक्के मकान में वह सुबह को शाम और रात को दिन में कैसे बनाए।

नीचे तो उसे वहशत होती थी। इसलिए वह ज़्यादातर ऊपरवाले कमरे में रहती। आमेना डाँटती रहती परन्तु वह जब भी मौक़ा मिलता आँखें बचाकर ऊपर सरक जाती।

ऊपरवाला कमरा उसी की तरह छोटा था और छोटी-छोटी दो खिड़कियों की आँखों से हर वक्त सड़क को देखता रहता था। यही दोनों खिड़कियाँ रज़िया की आत्मा में खुल गईं। कभी-कभी तो उसे ऐसा लगता जैसे सड़क उसके दिल के बीचोंबीच से गुज़र रही है। वह बहुत से लोगों की आवाज़ें पहचानने लगी थी। इन आवाज़ों पर वह रिएक्ट भी करती थी क्योंकि इन आवाज़ों से उसका एक तरफ़ का नाता हो गया था। कई आवाज़ों का तो उसे इंतज़ार-सा रहता था। एक तो वह बुड्ढ़ा था। जिसके गले में बलगम की गिरह पड़ती थी। वह खिड़की के नीचे आने से पहले गला साफ़ करता था। उसकी खाँसी की आवाज़ सुनकर रज़िया का जी गंगना जाया करता था। फिर वह ऐन खिड़की से नीचे, सड़क के उस पार रुक जाया करता था। दोपहर का समय होता। सड़क वीरान होती। पहले व दाएँ-बाएँ देखता और निगाह को दाएँ से बाएँ ले जाने में वह चुपके से यह भी देख लेता कि वह खिड़की पर है या नहीं। पूरा इत्मीनान करके व आँखें झुकाए-झुकाए हुए खिड़की की तरफ़ मुँह किए हुए कमरबन्द खोलने लगता। उसके हाथों की जुंबिश के साथ-साथ रज़िया का मुँह लाल होने लगता। फिर उसे ऐसा लगता जैसे उसके कान की लवें फट जाएँगी और वह अपने खून से लथ-पथ हो जाएगी। परन्तु वह उस खाँसते हुए बूढ़े से अपनी निगाह न हटाती। फिर भी एक पल ऐसा आता जब उसकी निगाह झुक जाती, वह बूढ़ा मुँह फेरकर नाली के किनारे उकड़ू बैठ जाता। रज़िया चुपचाप वहीं बैठी रहती और उस बूढ़े की पीठ की तरफ़ देखती रहती। कोई मिनट डेढ़ मिनट के बाद वह उठता। यदि कोई आता जाता दिखाई देता तो वह जल्दी चल देता और जो सड़क पर सुनसान रहती तो वह काफी देर लगाता और दाएँ-बाएँ देखता रहता और दाएँ से बाएँ जाने में उसकी चिपचिपाती हुई निगाहें रजिया के चेहरे पर अपनी निगाहों का लस छोड़ जातीं। वह चला जाता और रज़िया के गाल देर तक चिपचिपाते रहते। सड़क फिर वीरान हो जाती और वह रीगल टाकीज के इश्तहारवाले रिक्शे की राह देखने लगती। लाउडस्पीकर पर गूँजती हुई आवाज़ उसके खून की रफ़्तार बढ़ा देती।

"आज देखिए महबूब प्रोड्क्शन की 'आन' दिलीप कुमार, निम्मी, नादिरा, नौशाद का म्यूजिक जो आपके दिल में बरसों गूँजता रहेगा...रोजाना तीन शो फ़्री पास बिलकुल बन्द..."

पहले आवाज़ दूर से पास आती। फिर बिलकुल खिड़की के नीचे-नीचे आ जाती और फिर दूर जाते-जाते बिलकुल गायब हो जाती। और वह यह

सोचती रह जाती कि आख़िर यह दिलीप कुमार कौन है। निम्नी क्या चीज़ है...स्कूल में किसी से पूछने की हिम्मत। दिलीप कुमार, राजकपूर, देवानन्द...कैसे अजीब नाम हैं। जैसे कोई दूर से नाम लेकर पुकार रहा हो...इन नामों के बारे में सोचते-सोचते न जाने कितना समय बीत जाता। वह उस लड़के की आवाज़ सुनकर चौंकती, जो रोज खिड़की के नीचे आकर रुक जाया करता था और उसकी तरफ़ देखकर कहा करता था...जो कुछ वह कहा करता था उसे याद करके भी वह पसीने-पसीने हो जाया करती थी। इसलिए उसकी आवाज़ सुनते ही वह एक बार तो उनकी तरफ़ देखती और फिर बगटुट नीचे भागती...

रात को वह अजीब-अजीब ख़्वाब देखती और लाउडस्पीकर की आवाज़ आती रहतीं। उसने कभी लाउडस्पीकार को ख़्वाब में नहीं देखा।

उसकी आँख खुल जाती। हलक में काँटें पड़ चुके होते। जबान सूखकर ऐंठी हुई मिलती। वह पानी पीने के लिए उठती। पलंग चरचराता। वह डरकर फिर बैठ जाती। फिर बहुत धीरे-धीरे उठती और घड़ौंची के पास जाकर खड़ी हो जाती और बेख़बर सोए हुए शौकत की तरफ़ देखने लगती...

दिलीप कुमार, राजकपूर और देव आनंद तो पता नहीं कौन थे। और कैसे थे। परन्तु शौकत तो शौकत ही था। सामने पड़ा बेख़बर सो रहा था। गहरा साँवला रंग। बड़ी-बड़ी बंद आँखें, गोल नाक। अच्छे ख़ासे मोटे होंठ। ऊपरी होंठ पर नर्म सुर्मइ रोएँ की एक लकीर। मैला बनियान। चारखानेदार बैंगनी लुंगी...

रज़िया को पता भी न चला कि जागती हुई आवाज़ें सुनते-सुनते और सोए हुए शौकत को देखते-देखते वह कब जवान हो गई। वह यह तो जानती थी कि उसमें कोई परिवर्तन हो रहा है। परन्तु उसे यह मालूम नहीं था कि इस परिवर्तन का नाम क्या है।

इसीलिए यह कहना ठीक नहीं कि रज़िया को शौकत से प्यार हो गया था। रज़िया तो यह सोच भी न सकती थी कि वह अपनी मत्तो बुआ के लड़के शौकत से प्यार कर सकती है। परन्तु यह कहना भी ठीक नहीं कि वह शौकत से बेख़बर थी। वह उसे दिन को तो नौकर दिखाई देता, परन्तु रात को जब वह घड़ौंची के उधर सोता दिखाई देता तो उसमें कुछ और ही बात पैदा हो जाया करती थी। वह दिलीप कुमार, राजकपूर और देवानन्द हो

जाया करता था। और वह देर तक भरा हुआ कटोरा हाथ में सँभाले उसकी तरफ़ देखती रहा करती थी। भरा हुआ कटोरा सँभाले इसलिए कि जो कोई जाग पड़े तो यह देख सके कि वह पानी पीने उठी है।

जाड़े की रातें अलबत्ता बहुत परेशान करती थीं। क्योंकि उन रातों में वह सोता तो उसी दालान में था जिसमें घड़ौंची हुआ करती थी, परन्तु जाड़े की रातों में हर रात प्यास जो नहीं लग सकती। फिर भी गई रात को उसकी आँख ज़रूर खुलती। वह बाहर निकलती। लोटा उठाती और गुसलखाने की तरफ़ चली जाती। वहाँ पानी बहाकर फिर लौट आती। परन्तु शौकत में एक बुरी आदत यह थी कि वह मुँह छिपाकर सोया करता था। तो जी कड़ा करके वह लोटा उठाने और फिर लोटा रखने में खास शोर करती, कि शायद शौकत की आँख खुल जाए और वह सिर से लिहाफ़ सरका के देखे। परन्तु वह तो जैसे हाथी घोड़े बेचकर सोया करता था। वह लाख कोशिश करती परन्तु शौकत की आँख न खुलती तो उसे मजबूरन कमरे में जाकर लेट जाना पड़ता। वह जाकर लेट जाती। परन्तु देर तक जागती रहती और लाउडस्पीकर गूँजनेवाली आवाज़ सुनती रहती।

रज़िया में होनेवाले इस परिवर्तन की ख़बर घर में किसी को नहीं थी। रुकय्या होती तो शायद उसके बदन में मचलती हुई अँगड़ाइयों की आहट सुन लेती। परन्तु वह तो शम्सू मियाँ के साथ पाकिस्तान जा चुकी थीं। जहाँ शम्सू मियाँ का बड़ा बेटा किसी बड़ी नौकरी पर था। शम्सू मियाँ माँगे का चढ़ावा लाए थे। पाँच हजार का कर्ज छोड़कर एक रात चुपचाप चले गए थे।

तो रज़िया किसे बताती कि एक अजीब प्यास लगती है और वह प्यास उसे गई रात को जगा देती है। वह घर में अकेली थी। उसके दिल की भाषा समझनेवाला कोई नहीं था। और शायद उसकी ज़िदंगी इसी बेजबानी में कट गई होती। परन्तु एक दिन एक बड़ी साधारण-सी बात ने सुबह की नर्म हवा की तरह उसे छू दिया और उसका सारा बदन जवान बन गया।

हुआ यह कि मत्तो बावर्चीखाने के दर पर बैठी मसाला पीस रही थी। आमेना शाम की नमाज़ पढ़ रही थी। रज़िया दालान में एक खुरें पलंग पर लेटी कुछ गुनगुना रही थी कि शौकत आया उसके हाथ में कई चीज़ें थीं।

"छोटी बहिनी तनी इ पान ले ल्यो।'' शौकत ने यह कहकर वह हाथ उसकी तरफ़ बढ़ाया, जिसमें पान था, वह कोई खास बात न थी। कई बार यह हो चुका था कि जब मत्तो किसी काम में फँसी होती, वह बाज़ार से लाई

हुई चीज़ें रज़िया को दे देता। परन्तु शाम को खास बात यह हुई कि पान लेते वक्त रज़िया का हाथ शौकत के हाथ से छू गया। पलभर से भी कम की बात थी। शौकत मुड़कर बावर्चीखाने की तरफ़ चला गया। परन्तु रज़िया जहाँ की तहाँ खड़ी रह गई। उसका सारा बदन झनझना रहा था। और वह पान के हरे-हरे पत्तों की तरफ़ यूँ देख रही थी जैसे उन्होंने कोई शरमा देनेवाली बात कह दी हो।

उस शाम के बाद से ऐसा होने लगा कि वह शौकत के बाज़ार से आने की राह देखने लगी। शौकत को आता देखकर वह चीज़ें लेने के लिए झटपटाती। इस बात पर न तो मत्तो ने ध्यान दिया और न आमेना ने। इसलिए शौकत चीज़ें लेकर आता रहा। रज़िया वह चीज़ें लेती रही। हाथ से हाथ टकराता रहा। बदन झनझनाता रहा और तब वह एक दिन वह यह जानकर शरमा गई कि शौकत अब चीज़ें लेकर ऐसे समय पर आता है, जब मत्तो मसाला पीस रही होती और आमेना नमाज़ पढ़ रही होती है। वह जो शरमाई तो शौकत ने उसकी उँगलियाँ जरा-सी दबा दीं। और पहली बार उसने रज़िया की तरफ़ देखा। ठीक उसी वक्त रज़िया ने उसी तरफ़ देखा। वह मुसकरा दिया।

अभी तक इन दोनों को यह मालूम न था कि वे एक दूसरे से प्यार करने लगे हैं। रज़िया को तो खैर यह मालूम ही नहीं था कि प्यार होता क्या है। मगर शौकत हिन्दी फ़िल्में देखता रहता है। तो उसे उन फ़िल्मों पर बड़ा भरोसा होता था। वह अकसर रज़िया को कामिनी कमसिन मधुबाला और नर्गिस के सपने देखता और खुद दिलीप कुमार, राजकपूर बनता। इसलिए उसे यक़ीन था कि उसे रज़िया से प्यार नहीं हुआ है, क्योंकि उसने तो रूपहले पर्दे पर प्यार से लबरेज़ सीन देखे थे। जो हाथ छूने में इतने दिन लगने लगें तो हो चुकी मुहब्बत परन्तु इसमें शक नहीं कि उसे रज़िया का हाथ छूने में बड़ा मज़ा आता था। वह उस एक पल की उम्मीद में सारा दिन गुज़ारा करता था। इसीलिए किसी दिन जो उसका हिसाब ज़रा ग़लत हो जाता और मत्तो से गाली मिलती तो उसका मुँह उतर जाता और शायद दिलों की बात आगे न बढ़ती यहाँ से, क्योंकि यह दोनों ही इस बात से बेख़बर थे कि उन्हें एक दूसरे से प्यार हो गया है। परन्तु गर्मी की एक शरीर दोपहर ने दोनों को जो धक्का दिया तो दोनों टकरा गए।

हुआ यह कि मीर ज़ामिन अली खाना खाकर लेट गए थे। आमेना भी पंखा झलने के लिए पास ही लेट गई थी। मत्तो कोठरी में थी। आंगन में लू

चल रही थी।

रज़िया चुपके से अपने कमरे का दरवाज़ा खोलकर बाहर आ गई। वह दबे पाँव बावर्चीखाने की तरफ़ चली, जहाँ एक छीके पर हरी-हरी अमियाँ रखी थीं। रज़िया के मुँह में पानी आ गया। दो अमियाँ उतारकर उसने जल्दी-जल्दी कुचला बनाया। और फिर वहीं बैठकर चटखारे ले-लेकर खाने लगी।

सच्ची बात यह है कि उस समय उसके दिमाग़ में शौकत नहीं था। परन्तु शौकत आ गया। और यह भी सच्ची बात है कि उस समय उसके दिमाग़ में भी रज़िया नहीं थी। परन्तु एक छोटे-से घर में एक दूसरे को न देख लेना सम्भव नहीं है। दोनों ने एक दूसरे को देखा—दोनों के हलक एकदम से सूख गए। वह बावर्चीखाने की चौखट पर रुक गया। उसने बोलना चाहा परन्तु आवाज़ गोंद की तरह सूख गई थी। तो उसने कुचले के लिए हाथ बढ़ा दिया। रज़िया ने उसी उँगली पर थोड़ा-सा कुचला उठाया जिससे वह खुद अब तक चाट रही थी। कुचले समेत उसने वह उँगली शौकत की खुली हुई हथेली पर रख दी।

"छोटी बहिनी।" उसके हलक़ से एक अजीब-सी आवाज़ निकली।

"का है।" रज़िया के लिए भी अपनी आवाज़ को पहचान लेना मुश्किल हो गया।

तो शौकत ने उसकी वह उँगली पकड़ ली। फिर वह उस उँगली को अपने होंठों की तरफ़ ले चला। अब बात उसकी समझ में आनेवाली लगी थी। यह तो फ़िल्मी पर्दे जैसी बात है। उसने वह उँगली चाट ली, बैक ग्राउंड म्यूजिक शुरू हो गया। रज़िया बावर्चीखाने से दालान की तरफ़ भागी। मुहम्मद रफ़ी ने गाना शुरू कर दिया। अपने कमरे का दरवाज़ा बंद करने से पहले रज़िया पल-भर के लिए ठिठकी। शौकत अब भी वहीं खड़ा था। रज़िया मुसकरा दी और शौकत तक लता मंगेशकर की आवाज़ आने लगी—उसे यक़ीन हो गया कि वह रज़िया से प्यार करने लगा है। यह यक़ीन दिल हिलानेवाला था। पता नहीं, इस फ़िल्म का अंज़ाम क्या होगा। अभी तो के.एन. सिंह आएगा। फिर मीर जामिन अली हीरोइन के बापों की तरह मरने की धमकी देंगे। फिर जैसे फ़िल्मों में आता है, समाज आएगा। शौकत बेचारे ने बहुत सिर मारा परन्तु उसकी समझ में यह न आया कि आख़िर यह समाज क्या होता है।

उस रात शौकत बहुत देर तक जागता रहा और सोचता रहा। फिर वह उठा और बाहर की ड्योढ़ी में चला गया और लालटेन की सहमी हुई रोशनी में दिलीप कुमार को खत लिखने लगा। वह कोई पढ़ा-लिखा आदमी नहीं था। बड़ी बहिनी ने उसे उल्टा-सीधा पढ़ना और टेढ़ा-सीधा लिखना सिखा दिया था। उसने दिलीप कुमार को एक छोटा-सा खत लिखने में लगभग सारी रात लगा दी। उसने लिखा :

मेरे भाई दिलीप कुमार को बाद अस्सलामालेकुम के मालूम हो कि मैं खैरियत से हूँ और खैरियत उनकी खुदावंदे करीम से नेक चाहता हूँ।

यहाँ तक लिखकर रुक गया। क्योंकि यहाँ तक की बात उसे जबानी याद थी। यह तो हर खत में लिखा जाता है। परन्तु बात आगे कैसे बढ़े उसने फिर शुरू किया :

गुज़ारिश अहवाल यह है कि मुझे छोटी बहिनी से प्यार हो गया। आप छोटी बहिनी को नहीं जानते। मगर खुदा की कसम यह आपकी हीरोइन से कहीं ज़्यादा खूबसूरत हैं, आप हिन्दू हैं तो क्या हुआ। बाक़ी आपके सीने में भी दिल होगा। आप एक प्यार करनेवाले की मदद कीजिए। ख़ुदा आपको इसका बदला देगा और आपको के.एन. सिंह के हाथ से बचाएगा। कसम अल्लापाक की जब वह आपको मारता है तो मेरा मगझ फिर जाता है और जी चाहता है कि मैं उसकी बोटियाँ नोचकर चील-कौवों को खिला दूँ। आप ई मत सोचिए कि मैं मुसलमान हूँ तो पाकिस्तान चला गया हूँगा और आप कोई पाकिस्तानी की मदद काहे को करें। हम पाकिस्तान ना गए हैं। हम तो बस अपने गाँव से निकलकर शहर में आ गए हैं। और हम यहाँ बीड़ी बनाते हैं। और साढ़े चार रुपया रोज कमा ले रहें। हमारे लायक कोई काम हो तो ज़रूर लिखिए। बाक़ी आप बड़े भाई हैं और हर फ़िल्म में कोई न कोई से प्यार ज़रूर करते हैं। एह मारे ई ज़रूर बताइए कि अब हमको क्या करना चाहिए। थोड़े लिखे को बहुत जानिए और खत को तार जानकर जवाब दीजिए। एक बात हमारी समझ में नहीं आती कि के.एन. सिंह वगैरह से तो हम समझ ले। बाक़ी ई समाज का होता है? आज तक कोई फिलिम में एकी शकल ना देखाई दी हैं। काई समाज बहुत तगड़ा होता है।

आपका नाचीज खादिम
शौकत अली।

यह बात लिखकर वह थक गया। उसे लगा कि दो हजार बीड़ी बनाना एक खत लिखने के मुकाबले में बहुत आसान काम होता है।

खत को लिफ़ाफे में रखने के बाद वह पता लिखने लगा।

दर शहर बम्बई पहुँचकर

आली जनाब भाई दिलीप कुमार, मशहूर हीरो को मिले।

फिर वह थककर सो गया। दूसरे दिन उसने पहला काम यह किया कि इस खत को लेटर बक्स में डाल आया। उसे पक्का यक़ीन था कि दिलीप कुमार खत का जवाब अवश्य देगा।

अब यह तो नहीं मालूम कि दिलीप कुमार को यह खत मिला या नहीं और यदि मिला तो उन्होंने उसे समाज की क्या परिभाषा दी। परन्तु यह मुझे अवश्य मालूम है कि शौकत-रज़िया-प्रेम की कहानी हिन्दी फ़िल्मों के ढ़र्रों पर नहीं चली। क्योंकि हिन्दी फ़िल्मों में यह अवश्य दिखला दिया जाता है कि विजय समाज की हुई या नायक की। परन्तु इस कहानी के बारे में यह नहीं कहा जा सकता। दूसरी परेशानी यह है कि हमारे देश में 'हिन्दू सोशल' और 'मुस्लिम सोशल' फ़िल्में बनाते हैं जैसे कि देश हिन्दू और मुसलमान समाजों में बँटा हुआ हो और यदि 'सोसाइटी' एक ही है तो कोई मुझे बतलाए कि यह 'हिन्दू सोशल' और 'मुस्लिम सोशल' क्या होता है? मज़े की दूसरी बात यह है कि 'हिन्दू सोशल' फ़िल्में देखिए तो पता चलेगा कि भारत में केवल हिन्दू रहते हैं और 'मुस्लिम सोशल' देखिए तो पता चले कि इस देश में मुसलमानों के सिवा कोई रहता ही नहीं। मुस्लिम सोशल फ़िल्मों की एक खसूसियत और होती है कि उसका हीरो यदि नवाब नहीं होता तो कवि अवश्य होता है। और अपना शौकत न नवाब था और न कवि। वह नमाज़ पढ़ता था। रोज़े रखता था। परन्तु मुस्लिम सोशल फ़िल्मों के गज या मीटर, से नापा जाए तो वह मुसलमान ही नहीं था। इन बातों से अलग रहकर भी देखा जाए तो शौकत किसी कोने से हीरो नहीं दिखाई देता था। बीड़ी बनानेवाला एक बीड़ी मजदूर भला हीरो कैसे हो सकता है। उसे तो जब पता चला कि उसे रज़िया से प्रेम हो गया है, तो उसका कलेजा धक से हो गया। उसे यक़ीन ही नहीं आ रहा था। छोटी बहिनी और शौकत! यह तो कोई बात ही नहीं हुई। परन्तु हुआ यह कि रज़िया की माँ आमेना और अपनी माँ मत्तो की आँखें बचा-बचाकर रज़िया की तरफ़ देखने लगा और वह जब भी रज़िया की तरफ़ देखता उसके सारे बदन में जैसे हज़ारों-हज़ार दिल धड़कने लगते और इन हज़ारों हज़ार दिलों में लाखों लाख चिराग जल जाते और

उसकी रग-रग में उजाला हो जाता और छोटे-छोटे अनगिनत ख़्वाब हँसते हुए रगों की गलियों में दौड़ने लगते और वह शोर होता कि कान पड़ी आवाज़ न सुनाई देती।

कई बार ऐसा हुआ कि उसने अपनी माँ की आवाज़ न सुनी। माँ का दिल धक से हो गया। इकलौते बेटे यूँ भी बड़े कीमती होते हैं और जब से पाकिस्तान बना है तब से इकलौते मुसलमान बेटों का दाम इतना बढ़ गया है कि कभी-कभी ममता दिल में मसोसकर रह जाती है, क्योंकि सौदा नहीं पटता, इसीलिए मत्तो हील खाने लगी। एक दिन वह चुपके से मस्जिद के मुल्ला के पास गई। उसने कहा कि शौकत पर एक परी का साया हो गया है। मुल्ला को मालूम था कि मत्तो मीर ज़ामिन अली की नौकरानी है, और मुल्ला को यह भी मालूम था कि जमींदारी ख़त्म हो चुकी है। इसलिए उसने केवल आधे तोले सोने, एक काले मुर्ग और एक तोले जाफरान की माँग की, यदि वह मत्तो के हाथों में सोने की चार चूड़ियाँ न देख लेता तो शायद सोने की माँग न करता। परन्तु चूड़ियाँ उसके सामने थीं। मत्तो ने एक चूड़ी उसके हवाले की। मुर्ग और केसर का दाम दिया। एक शुक्रवार को मुल्ला ने उसे दो ताबीज दिए। एक ताबीज शौकत के पलंग के पाए के नीचे दबाने के वास्ते और दूसरा घोलकर पिलाने के लिए। मत्तो उस दिन मस्जिद से बहुत खुश लौटी। एक ताबीज उसने पलंग के पाए के नीचे दबा दिया और दूसरा ताबीज उसने शौकत की दाल में घोल दिया। ताबीजों के साथ-साथ उसने हाथ उठा-उठा कर उस परी को खूब कोसने भी दिए जिसने उसके इकलौते बेटे पर अपना साया डाल दिया था।

ज़ाहिर है कि शौकत को ये बातें नहीं मालूम थीं। वह तो रज़िया के ख़याल में मगन था। पहले वह बाहर की ड्योढ़ी में बैठकर बीड़ी बनाया करता था। अब उसने दालान में अपनी चटाई डाल ली थी।

छोटे दालान से सदर दालान साफ दिखाई देता था। वह बीड़ी बनाता रहता और चुपके-चुपके कोई ग़ज़ल गुनगुनाता रहता।

घर में इस बात पर किसी ने ध्यान नहीं दिया कि अब रज़िया ने ऊपरवाले कमरे में समय बिताना छोड़ दिया है।

रज़िया जब स्कूल में न होती तो सदर दालान में होती और एक पलंग पर लेटी पाँव के अँगूठे हिलाती रहती और इस्मत चुगताई या मंटो या कृष्ण

चंदर की कहानियाँ पढ़ती रहती और कनखियों से बीड़ी बनाते हुए शौकत को देखती रहती। कभी-कभार दोनों की आँखें मिल जातीं तो दोनों मुसकरा देते। इस मुसकराहट की ओस से दोनों के बदन नम हो जाते।

एक दिन मत्तो ने शौकत की मुसकराहट पकड़ ली। उसने बावर्चीख़ाने में मसाला पीसते-पीसते उस मुसकान का पीछा किया। वह मुसकान रज़िया की आँखों से उसके दिल में उतर गई। मत्तो को अपनी आँखों पर यक़ीन न आया। यह एक अनहोनी बात थी। यह बात और है कि वह ख़ुद दिल में मीर ज़ामिन अली को पूज चुकी थी। परन्तु वह नौकर नहीं थी, नौकरानी थी। नौकरी का पूरा इतिहास नौकरानियों और मालिकों के बदन के टकराव की कहानियों से भरा हुआ था। परन्तु आज तक किसी नौकर ने मालिक की लड़की की तरफ़ देखकर मुसकराने का हौसला नहीं किया था। अनारकली हो तो दीवार में चुनवा दी जाती है। परन्तु अनारकली की जगह कोई शौकत हो तो क्या अंजाम होता है। वह काँप गई।

उस रात जब घर में सोता पड़ गया तो वह शौकत के सिर में तेल डालने बैठ गई। वह इस उधेड़-बुन में थी कि बात शुरू कैसे करे कि ख़ुद शौकत ने बात शुरू कर दी।

"अब तू बूढ़ी हो गई है अम्मा, जाओ आराम करो।"

"हाँ बेटा, बूढ़ी त ज़रूर हो गई हौं। बाक़ी तौरे सिर में तेलो पड़ना त ज़रूरी है ना। ए ही मारे सोच रहे कि तोरा बिआह करके चांद अय्यसी दुल्हिन लिआए।"

"हम त छोटी बहिनी से बिआह करेंगे।" शौकत ने कहा। यह बात उसने दस-बारह साल बाद कही थी। और अब मत्तो उसे चांटा भी नहीं मार सकती थी। उसे कोसने भी नहीं दे सकती थी।

"अय्यसी बात ना करे को बेटा!"

वह उठकर बैठ गया।

"काहे न करें अय्यसी बात।"

"ऊ मालिक है।"

"का तनखाह देते हैं तो को?"

"तनखाह से का होता है!"

"...हम बदमाशी करें की बात ना कर रहें। बिआह करे की बात कर रहे।"

"बरब्बर की बात ना है ना बेटा। एह मारे बिआहो की बात बदमाशीय की बात है।"

"का हम शम्सूओं मियाँ से गए गुजरे हैं, तू हम्में इ बता द्यो कि हमरे में का खराबी है?"

उसमें कोई खराबी होती तब भी मत्तो को दिखाई न देती क्योंकि मत्तो माँ थी। तो वह शौकत के इस सवाल का क्या जवाब देती। वह चुपचाप सिर में तेल मलने लगी। परन्तु बैठे हुए शौकत का सिर उसे बहुत ऊँचा लगा।

"अच्छा, तनी लेट के जट से तेल त लगवा ले।" मत्तो की आवाज़ जैसे उसके कान से चिपक गई। उसकी आवाज़ इस इश्क की आँच से पिघल गई थी। वह लेट गया। सन्नाटा छा गया।

"अच्छा, जो मैं इ मानों ल्यों कि मियाँ छोटी बहिनी से तोरा बिआह करे पर राजी हो जय्यहें त तैं हम्में ई बता कि मैं छोटी बहिनी से अपना पाँव दबवय्यहो?"

"काहें ना दबावय्यहों?"

"हमरें बाप दादा जेके बाप दादा का नमक खाइन हैं हम ओसे अपना पाँव ना दबवा सकते।" मत्तो की आवाज़ में फ़ैसले की खनक थी।

"अच्छा मत दबवय्यहो, बस। हम दबावेंगे तोरा पाँव। और अब हम्में सोए द्यो। अब हम्में नींद आ रही।" उसने करवट ले ली।

थोड़ी देर तक मत्तो उसका सिर सहलाती रही। पर जब शौकत आँखें बंद किए पड़ा ही रहा तो वह उठकर अपने बिस्तर पर चली गई।

गर्मी की रात थी। बाँस का पंखा झलती हुई मत्तो तारों भरे आसमान की तरफ़ देखती रही। खटोलना घर की छत पर था। उसकी आँखें उसी खटोलने पर जम गईं और वह शौकत के बारे में सोचने लगी। 'का मैं ओको बित्ते भर से एक लाठी का एह मा किए हौं कि ऊ छोटी बहनी के वास्ते मोरी बात टाल दें?'

परन्तु यह बात ऐसी थी कि वह मुँह से निकाल भी नहीं सकती थी। कई दिन तक वह यही सोचती रही और बावर्चीखाने के दर पर बैठी अपने शौकत की मुसकान को छोटी बीबी की आँखों से दिल में उतरते देखती रही और हौल खाती रही कि छोटी बीबी का क्या है। बरस-दो बरस में कोई बाजे-गाजे के साथ आकर उसे बिदा करवा ले जाएगा। परन्तु शौकत का क्या होगा?

मत्तो सोच रही थी।

शौकत मुसकरा रहा था।

रज़िया इस्मत की 'टेढ़ी लकीर' पढ़ रही थी।

समय रेंग रहा था।

दोपहर का वक्त था। आंगन में लू दौड़ रही थी। रज़िया एक टिकोरा खा रही थी कि शौकत आया। रज़िया को देखकर वह बावर्चीखाने में चला गया।

"हमहूँ को चखा दीजिए जरा-सा।"

रज़िया मुसकरा दी। उसने अपना जूठा टिकोरा उसकी तरफ़ बढ़ा दिया। यही मौक़ा था। शौकत ने हज़ार बार दिलीप कुमार को कामिनी कौशल, नलिनी जयवंत या मधुबाला का हाथ पकड़ते देखा था। उसने रज़िया का हाथ पकड़ लिया।

"कोई देख लीहों।" रज़िया की आवाज़ प्यार के बोझ से लचक गई।

"दुपहरिया में कौन खड़ा है देखें वाला।"

शौकत ने छोटी बहिनी को अपनी बाँहो में कस लिया। और ठीक उसी वक्त नाइन कहीं से हिस्सा लेकर आ गई। रज़िया तड़पकर अलग हो गई। शौकत मटके से पानी निकालने लगा। नाइन सिर से सेनी उतारकर वहीं बावर्ची खाने में बैठ गई।

"सेख जी इ आम भेजिन हैं। पहिली फसिल आई है।" नाइन ने 12 आम निकालकर बावर्चीखाने के फ़र्श पर रख दिए। रज़िया ने सेनी में कोई आध सेर आटा सिर भारी का डाल दिया। नाइन ने सेनी सिर पर रख ली।

"बड़ी गर्मी है।" नाइन ने रजिया से कहा।

रज़िया ने सिर हिला दिया। नाइन चली गई।

"अ जो ऊ देख लिहिस होय तब का होगा।" उसने सवाल किया।

"हमरे ख़याल में त ना देखिस है।" शौकत ने कहा। डर तो उसे भी यही था कि नाइन ने देख लिया होगा तो क्या होगा। परन्तु वह छोटी बहिनी को परेशान करना नहीं चाहता था।

दोनों को शाम होते-होते इस प्रश्न का जवाब मिल गया।

नाइन मीर ज़ामिन अली के घर से उठकर समीउल्ला खाँ के घर गई। हिस्सा देकर जमीन पर पलंग की पट्टी से लगकर बैठकर पान का इंतजार करने लगी। खाँ साहब की बीवी पान लगा रही थी।

यह बोली।

"बाप रे बाप। का जमाना आ गया है!"

“का भया?”

“अब मैं का बताओं बीबी कलजुग है। जो न हो जाए ऊ थोड़ा है।”

“तनी एक देखे कोई।” पठानी झल्ला गई। “टरटराये जा रही और मुँह से ई ना फूटती कि आख़िर भया का।”

“बाइस्कोप भया। बीबी और का भया!” नाइन सिनेमा की शौकीन थी। पठानी भी कभी-कभार सिनेमा देख आया करती थी। सुनकर उनका माथा ठनका। वह सँभलकर बैठ गईं।

“मैं निखौंदी चली गई दनदनाती मीर साहब के घर हिस्सा देवे। बाक़ी अब हुआ पुकार के जाय को चाहिए बीबी।”

नाइन ने यह कहानी सुनाते-सुनाते तीन पान खाए। पठानी इस कहानी को अमृत की नाई चाट गईं। एक-एक शब्द को उन्होंने खूब-खूब निचोड़ा कि कोई बूँद रह न जाए। नाइन तो कहानी सुनाकर चली गई। परन्तु पठानी के लिए घर में बैठना-मुश्किल हो गया और दिन था कि ढ़लने का नाम नहीं लेता था। वह इस कदर जल्दी में थी कि अस्र की नमाज़ उन्होंने समय से पढ़ डाली।

पठानी के साथ यह कहानी सारे मुहल्ले में फैल गईं। बीबियों ने दाँतों में उँगलियों दबा लीं। पठानी सारे मुहल्ले का चक्कर लगाकर आख़िर में मीर ज़ामिन अली के घर पहुँची। आमेना को तो कुछ मालूम नहीं था। उसने पठानी को हाथों-हाथ लिया। परन्तु पठानी बैठते ही बड़े राजदाराना लहजे में बोली कि मुहल्ले में क्या बातें हो रहीं...

“अब मैं बेचारी केहका केहका मुँह बंद करौ?”

आमेना सन्नाटा में आ गई। पठानी आमेना को सन्नाटे में छोड़कर चली गई। उनके जाने के बाद आमेना ने बावर्चीखाने की तरफ़ देखा। मत्तो दाल बघार रही थी। फिर उन्होंने छोटे दालान की तरफ़ देखा। शौकत बैठा लालटेन की रोशनी में बीड़ी बना रहा था। फिर उन्होंने सदर दालान की तरफ़ देखा। सड़ी हुई गर्मी में रज़िया एक पलंग पर लेटी न जाने क्या पढ़ रही थी और पैर के अँगूठे नचा रही थी। आमेना के तन बदन में आग लग गई। वह उठी सदर दालान में जाकर उन्होंने रज़िया को एक-दो थप्पड़ मारा और फिर वह उसे कोसने लगी।

उनके कोसने इतने साफ़ थे कि बात मत्तो, शौकत और रज़िया की समझ में आ गई। आमेना रोती जा रही थी और बेटी के मरने की दुआएँ माँगती जा रही थी और नमकहरामों को शाप देती जा रही थी।

"...पोर-पोर गल के गिर जाए नमक हरामन की। मरते वक्त कोई मुँह में पानी चुआवेवाला ना जुड़े। या अल्लाह माटी मिला वे निशान उठ जावे। कबुर पर दिया बत्ती करनेवाला ना रह जाए..."

अपनी झल्लाहट में वह यह भी भूल गई कि यह मीर साहब के खाने का वक्त है। मीर साहब यह कोसने सुनकर सन्नाटे में आ गए।

"क्या हो गया भई?"

"अरे इ पुछिए कि का ना हो गया। बता अपने बाप को ही कलमुँही।"

कलमुँही! यह शब्द एक पत्थर की तरह मीर साहब के माथे पर लगा। उनकी आत्मा लहूलहान हो गई। वह किसी छतनार बूढ़े पेड़ की तरह इस आँधी में टूट गई...

"इस मत्तो हरामजादी से कहो कि अपने नमकहराम बेटे को लेकर इसी वक्त जाए मेरे घर से।"

आमेना आँसू पोंछती हुई पांयती बैठ गई। रज़िया वहीं दालान में थी और रो नहीं रही थी। शौकत अपने दालान में था। परन्तु उसने बीड़ी का सूप नीचे रख दिया था। मत्तो बावर्चीखाने में थी। वह मीर साहब के लिए खाना निकाल रही थी। मीर साहब का हुक्म सुनते ही वह कफ़गीर को पतीली में छोड़कर शौकत के पास गई। अपनी जूती उतारकर उसने शौकत को मारना शुरू किया। शौकत चुपचाप मार खाता रहा। उसने बचने की भी कोई कोशिश न की।

"बाक़ी जो एह सभन को निकाल दिया गया त महल्लेवाले ई जरूर कहिएँ कि जो कउनो बात ना होती त आप एह तरे से इन सभन को कभई ना निकालते।"

आमेना ने कहा।

यह बात भी ठीक थी।

मीर साहब ने अपना फ़ैसला बदल दिया परन्तु यह हुक्म हो गया कि अब शौकत अंदर नहीं आएगा। शौकत बीड़ी का सूप उठाए, सिर झुकाए बाहर ड्योढ़ी में चला गया।

दूसरे ही दिन में मुहल्ले में खुसुर-फुसुर होने लगी।

"अरे साहब निकाल कैसे दें। चार साढ़े चार रुपया रोज कमा रहा है लड़का।"

"और हर्ज ही क्या है। इस्लाम ऊँच-नीच तो मानता नहीं।"

"मैं तो कह रहा हूँ भाउज कि इ तो बैगतीं की हद हो गई। ऊ साफ फँसी है। ओसे!"

शौकत साँप के मुँह की छछूँदर बन गया था। न उगला जा रहा था न निगला जा रहा था। मीर साहब ने बाहर निकलना छोड़ दिया। क्योंकि वह बाहर निकलते तो लोग गला साफ करने लगते।

और घर के अंदर एक गंभीर सन्नाटा था। आमेना बुत बनी एक पलंग पर बैठी रहती। रज़िया उसी पलंग पर लेटी कोई किताब पढ़ती रहती। मत्तो खाना पकाती रहती, झाड़-पोंछ करती रहती और रोती रहती। शौकत ड्योढ़ी में बैठा बीड़ी बनाता रहता। मीर साहब हुक्का पीते रहते और अपनी छोटी-छोटी मूँछों को दाँतों से चबाते रहते। कोई किसी से नहीं बोलता था। ऐसा लगता था कि घर खाली हो गया है और घर को खाली देखकर कुछ परछाइयाँ आ बसी हैं।

जमींदारी के ख़ात्मे ने मीर साहब को परेशान किया था। किया था परन्तु बूढ़ा नहीं किया था। मगर रज़िया के इश्क़ की गर्म हवा ने उन्हें बिलकुल झुलस दिया था। वह आत्महत्या भी नहीं कर सकते थे क्योंकि इसका मतलब भी यही निकलता कि उनकी छोटी बेटी उनकी नौकरानी के लड़के से फँसी हुई है। चारा केवल एक था कि जल्द से जल्द रज़िया का ब्याह कर दिया जाए—परन्तु अब प्रश्न यह था कि लड़की वाले खुद अपनी बेटी के लिए कहीं पैगाम कैसे दें। मीर साहब ने यह काम करने से नकार कर दिया।

"मार गैरते देखाये को है त ऊहे माटी मिले शौकतवे से दू बोल पढ़वा दिजिए। लड़की वाले बने का मुँहो रह गया है हम लोगन का!"

मीर साहब बल खाकर रह गए। परन्तु बात आमेना ठीक कह रही थी। तो रिश्ते के किसी भाई भतीजे को लिखा गया कि फलाँ साहब के लड़के से रज़िया की बात चलाओ। चक्कर चल गया।

अब ऐसा तो है नहीं कि सारे ही मुसलमान लड़के पाकिस्तान चल गए हों, कई जगह से खतों का चक्कर चला। एक जगह बात पक्की हो गई। लड़का पी.डब्ल्यू.डी. में ओवरसियर था। तनखाह तो कुछ ज़्यादा न थी। परन्तु ऊपर की आमदनी अल्लाह के करम से काफ़ी थी। लड़के के खानदान में कहीं-कहीं इक्का-दुक्का पैबंद लगे हुए थे। परन्तु पाकिस्तान बनवाने की इतनी कीमत तो देनी ही पड़ेगी कि खानदानी लड़कियाँ खोटे खानदानों में ब्याही जाएँ। तो साहब मरता क्या न करता। बड़ी ऊँची नाकवाले मीर

ज़ामिन अली ने यह रिश्ता मान लिया। बड़े धूम-धड़क्के से तैयारियाँ शुरू हुईं। परन्तु बारात आने के दिन से कोई दो महीने पहले ओवरसियर के बाप का खत आया कि लड़की में खोट है। यह बात इशारे में कही गई थी। साफ़-साफ़ यह लिखा गया था कि लड़का ठना हुआ है कि जो दहेज में एक हिंदुस्तान गाड़ी न मिली तो ब्याह करने से फायदा ही क्या। फायदा-यह शब्द भी किन-किन दीवारों पर ठुँका दिखाई देता है।

मीर साहब कोई पागल नहीं थे कि इस खत का मतलब न समझ लेते। मतलब साफ़ था कि लड़की शौकत से फँसी हुई है। उसका ब्याह करना हो तो एक मोटर दो! इसीलिए यह खत पढ़कर मीर साहब की आँखों में खून उतर आया और आमेना हाथ उठा-उठाकर मुहल्ले वालों को कोसने लगी। "हे पाक परवर दिगार। जय्यसा इ लोग हमरी बेटी के वास्ते कर रहें इनहूँ लोगन के सामने आवे..."

परन्तु कोसनों से क्या होता है। रिश्ता टूट गया क्योंकि मीर साहब में कार देने की सकत न थी। उधर सारे मुहल्लेवालों को मालूम था कि बात पक्की हो गई है और तारीख पड़ गई है। और यदि उसी तारीख़ पर बारात न आई तो मर जाने के सिवा कोई चारा न रह जाएगा।

लड़के के लिए फिर जाल डाला जाने लगा। जो लड़का मिला वह बासठ साल का एक टाँठा बुड्ढा था। रिटायर्ड थानेदार था। रंडुवा था। पाँच बेटियों और चार बेटों को ब्याह चुका था। परन्तु पाँचों दामाद और चारों बेटे पाकिस्तान में थे। इसलिए वह अपनी बूढ़ी तनहाई दूर करने के लिए एक नौजवान लड़की से ब्याह करने को तैयार हो गया।

इस बार मुहल्लेवालों को कानों-कान ख़बर न होने दी गई। मत्तो मस्जिद के मुल्ला के पास गई कि वह कोई ऐसी तरकीब करें कि यह ब्याह हो जाए। मत्तो की समस्या यह थी कि वह यह नहीं भूल सकती थी कि उसकी रगों में दौड़नेवाला लहू वास्तव में रज़िया के बाप दादा का नमक है। वह रज़िया से पाँव दबाने के लिए नहीं कह सकती थी। मुल्ला से भी वह यही रोई-गाई, क्योंकि दाई से पेट और मुल्ला से बात नहीं छिपाई जाती। सोने की दो चूड़ियों पर बात पक्की हो गई। मुल्ला ने एक जलाली तावीज लिख दिया और एक जलाली चिल्ला खींचने का वादा किया और वह मत्तो को यह यक़ीन दिलाने में सफल हो गया कि मीर निजाकत हुसैन बारात लेकर अवश्य आएँगे। मीर निजाकत हुसैन उस 'लड़के' का नाम था जिससे रज़िया की निस्बत लगी थी।

मीर साहब के घर में तो शादी की तैयारियाँ पहले ही हो चुकी थीं। इसलिए उन मियाँ बीबी का तो केवल यह काम रह गया था कि हर नमाज़ में यह दुआ माँगें कि ब्याह खैरियत के साथ हो जाए। समधियाने से कोई खत आता तो धड़कते हुए दिल के साथ पढ़ा जाता। और मत्तो आमेना के चेहरे पर इत्मीनान की चमक देखकर मुतमईन हो जाती। हर बार मत्तो खुदा का शुक्र अदा करती पर एक दिन जब वह फिर दाल को बघार रही थी। उसने आमेना के कोसनों की आवाज़ सुनी, 'हे पाक परवरदिगार। जय्यसा ई लोग हमरी बेटी के वास्ते कर रहें इनहूँ लोगन के सामने आवे...'

मत्तो के हाथ से बघार का कर्छुल गिर गया। मीर निजाकत हुसैन ने बारात लाने से इनकार नहीं किया था। परन्तु उन्हें चूँकि रज़िया और शौकत की कहानी मालूम हो चुकी थी। इसलिए वह रजिया की एक तसवीर माँग रहे थे।

मीर ज़ामिन अली गुस्से में काँपने लगे। मीर निजाकत हुसैन ने यह नहीं लिखा था कि वह रज़िया और शौकत की कहानी सुन चुके परन्तु यूँ ऐन वक़्त पर तसवीर माँगने का और मतलब ही क्या हो सकता है? मीर ज़ामिन अली ने निजाकत हुसैन साहब रिटायर्ड थानेदार को लिख दिया कि आख़िर वह भी पाँच बेटियाँ ब्याह चुके हैं। क्या उन्होंने समधियाने वालों की बेटी की तसवीरें सप्लाई की थी? इस खत के जवाब में मीर निजाकत हुसैन रिटायर्ड थानेदार ने एक बड़ा सादा-सा खत लिखा। उस खत में सलाम दुआ के बाद लिखा था :

...खादिम ने अपने समधियानेवालों को बेटियों की तसवीरें इसलिए नहीं भेजी थीं कि उनमें से किसी ने घर के किसी पालक से फँसने की ग़लती नहीं की थी। आपको इत्तला के लिए कुछ खत रवाना कर रहा हूँ...

इस खत के साथ चार खत और थे। उनमें से हर खत में रज़िया और शौकत की कहानी लिखी थी। वह चारों खत रज़िया की तहरीर में थे।

मीर ज़ामिन अली पहली बार यह भूल गए कि हर एक शरीफ आदमी है। पहली बार उन्होंने रज़िया पर हाथ उठाया। वह उसे केवल मार रहे थे। चूँकि उन्होंने रज़िया से बोलना छोड़ रक्खा था इसलिए वह उसे डाँट रहे थे। रज़िया ने भी चूँकि उनसे बोलना छोड़ रक्खा था इसलिए वह यह भी बताना नहीं चाहती थी कि उसे चोट लग रही है! मीर साहब मारते-मारते थक गए। और तब उन्होंने बेटी की तसवीर खिंचवाने की बेगैरती करने का फ़ैसला किया।

परन्तु बेटी की तसवीर खिंचवाना कोई आसान काम नहीं है। वह रज़िया को लेकर फ़ोटोग्राफर की दुकान तक जा नहीं सकते थे। घर में फोटोग्राफर को बुलाते तब भी वही बात होती। इसलिए एक रिश्तेदार की बीमारी की खबर उड़ाकर मीर साहब बीवी और बेटी को लेकर बनारस चले गए। वहाँ तसवीर खिंची और वहीं से मीर निजाकत हुसैन के पास भेज दी गई। मीर निजाकत हुसैन रज़िया पर लहलोट हो गए। वह चार दिन पहले बारात लाने पर तैयार थे। उनका यह जवाब पाकर मीर ज़ामिन अली ने इत्मीनान की साँस लिया। मत्तो लपकी-लपकी मस्जिद गई और सवा रुपया मुल्ला को भेंट कर आई।

मीरासनें ढोल ठोकने लगीं।

जिन दिन ढोल ठोंका गया उस रात को सबके सो जाने के बाद रज़िया पलंग से उठी। चुपके-चुपके चोरों की तरह वह बाहरी ड्योढ़ी तक चली गई।

शौकत जाग रहा था।

"अब तोरा का इरादा है शौकत?"

"तूँ जो कहो छोटी बहिनी।"

छोटी बहिनी ने कुछ नहीं कहा। सदर दरवाज़ा खोलकर छोटी बहिनी सड़क पर निकल गई। अँधेरी रात ने उसे गले लगा लिया। ड्योढ़ी में शौकत के चेहरे पर लालटेन की रोशनी पड़ रही थी। उसने पहले उस दरवाज़े की तरफ़ देखा जिसे खोल कर रज़िया ड्योढ़ी में आई थी। फिर उसने उस दरवाज़े की तरफ़ देखा जिसे खोल कर रज़िया सड़क पर निकल गई थी। और फिर उसने उस परछाई की तरफ़ देखा जो सड़क पर खड़ी उसकी राह देख रही थी।

वह भी परछाई बन गया।

ख़ुश्की का टुकड़ा

आदमी अपने घर में अकेला हो और पड़ोस की रोशनियाँ और आवाज़ें घर में झाँक रही हों तो यह साबित करने के लिए कि वह बिलकुल अकेले नहीं हैं, वह इसके सिवा और क्या कर सकता है कि उन बेदर्द रोशनियों और आवाज़ों को उल्लू बनाने के लिए अपनी बहुत पुरानी यादों से बातें करने लगे।

वह कई रातों से लगातार यही कर रहा था।

अकेला होना उसके लिए कोई नई बात न थी। उसे मालूम था कि बदन और आत्मा की तनहाई आज के लोगों की तक़दीर है। हर आदमी अपनी तनहाई के समुद्र में ख़ुश्की के एक टुकड़े की तरह है। सागर के अंदर भी है और बाहर भी और वह इस अकेलेपन का ऐसा आदी हो गया है कि अपनी तनहाई को बचाने के लिए अपने से भी भागता रहता है।

दस-ग्यारह वर्ष या दस-ग्यारह हजार वर्ष पहले उसने एक शेर लिखा था :

छूटकर तुझसे अपने पास रहे,
कुछ दिनों हम बहुत उदास रहे।

यह उदासी आधुनिक है हमारे पुरखों की उदासी से बिलकुल अलग है। इसने हमारे साथ जन्म लिया है और शायद यह हमारे ही साथ मर भी जाएगी। क्योंकि हर पीढ़ी के साथ उसकी अपनी उदासी जन्म लेती है।

हमारे युग की उदासी को उदासी कहना, ठीक नहीं है। वास्तव में यह बोरियत है, यह बोर होनेवालों की पीढ़ी है, किसी चीज़ का मज़ाक उड़ाना भी नहीं चाहता। पहले के लोग कैसे मज़े में जिया करते थे। पतंग उड़ाते थे–चीज़ें उड़ाते थे। बातें उड़ाते थे। मज़ाक उड़ाते थे। आज का आदमी अपने चेहरे के रंग के सिवा उड़ाता ही नहीं...

और उसके बारे में एक बात मैं यक़ीन से कह सकता हूँ कि वह यदि आदमी था तो आज ही का आदमी था। और आज के आदमी को वह डंलपिलो जैसी गदीली तनहाई नसीब नहीं होती कि वह आराम से लेटकर अपनी यादों को छाँटें। सड़ी-गली यादों को अलग कर फटी-पुरानी यादों की मरम्मत करे और अच्छी यादों को धूप दिखला दे।

वह बहुत दिनों से फ़ुरसत के ऐसे मौक़े की तलाश में था परन्तु आज तो मरने की फ़ुरसत नहीं मिलती, जीने की तो बात अलग रही। पहले लोग आराम से बरसों बीमार पड़े रहा करते थे। सेवा करवा-करवा के सेवा करने का अरमान निकलवाते थे। दूर पास के सारे रिश्तेदारों को इसका मौक़ा देते थे कि वह उनकी पाटी के पास बैठ कर उसकी तारीफ़ करें...और जब लगभग लोगों को यक़ीन हो जाए कि यह मरनेवाले नहीं, तब कहीं जाकर लोग मरा करते हैं पर अब वक़्त की कमी के कारण हार्ट फेल होने लगे हैं आधुनिक ज़िन्दगी की भागदौड़ में मरने का चार्म भी बिलकुल ख़त्म हो गया है।

वह हार्ट फ़ेल होने के ख़िलाफ़ नहीं था। परन्तु हार्ट फेल होने में एक बड़ी ख़राबी है। हार्ट फ़ेल होने पर कोई शेर नहीं कहा जा सकता है। इतना समय ही नहीं मिलता कि कोई यह कहे।

उनके देखे से जो आ जाती है मुँह पर रौनक़,
वह समझते हैं कि बीमार का हाल अच्छा है।

इसीलिए वह चाहता था कि अपनी यादों को क्लासिफाई कर ले। जो वह कवि होता, तो बहुत परेशानी की बात न होती पर शायरी से उसका पुराना बैर था। वह कहा करता था कि शायरी बड़ी असाइंटिफिक चीज़ होती है। शायरी में मुर्दे बोलते हैं...कागा सब तन खाइया...से लेकर कुरेदते हो जो अब आग जुस्तुजू क्या है...तक मुर्दे टायें-टायें बोल रहे हैं। दिल जो ख़ून पम्प करने की एक मशीन है, उसे शायरों ने इतना सिर चढ़ाया है कि क्या कहा जाए। प्रेमिका को चंद्रमुखी कहनेवाले यह भी नहीं जानते कि चाँद पर कैसी-कैसी खाइयाँ हैं!

परन्तु जब वह अकेला हुआ तब उसे पता चला कि तनहाई खुद बहुत साइंटिफ़िक़ नहीं होती। भरी-पुरी दुनिया में कोई अकेला कैसे हो सकता है। परन्तु वह अकेला था और वह इस हक़ीक़त को झुठला नहीं सकता था और इसीलिए लगातार अपनी यादों की राख कुरेद रहा था।

कई रातों तक लगातार यादों के जंगल में भटकने के बाद वह इस नतीजे पर पहुंचा था कि आदमी अपनी यादों के बारे में डींगता ज़्यादा है, मेरे

पास इतनी यादें हैं और ऐसी ऐसी यादें हैं। सब झूठ है। बस दस-बीस यादें होती हैं। ज़िन्दगी का बजट बहुत चौकस होता है। सारी ज़िन्दगी जीने के बाद बचत के ख़ाने में दस-बीस बुरी भली यादों के सिवा कुछ नहीं होता।

पता नहीं लोग जीवनियाँ कैसे लिखते हैं। उसे तनहाई की चंद रातें गुज़ार लेने के बाद यक़ीन हो गया था कि जीवनियाँ झूठी होती हैं। लेखक अपने जीवन की कहानी नहीं लिखता। एक कहानी लिखता है। अपने वर्तमान के लिए अतीत का पुश्ता बाँधता है। वह अपनी तसवीर को बहुत री-टच करता है। इससे भी काम नहीं चलता तो शायद अपनी गर्दन पर एक नया चेहरा जड़ देता है।

परन्तु वह तो बिलकुल अकेला था। आदमी चाहे दुनिया से झूठ बोल ले पर वह अपनी तनहाई से झूठ नहीं बोल सकता। वह अपने आपसे यह कैसे कहता कि जिन लैलाओं ने उसे धोखा दिया है वह वास्तव में बड़ी वफ़ादार थीं। वह तो अपने आपसे यह भी नहीं कह सकता था कि ख़ुद वह बड़ा वफ़ादार है। उसे कभी अपने आप पर तरस नहीं आया।

उदास होना दूसरी बात है। उदासी तो इस युग के मनुष्य की तक़दीर है। उदासी और झल्लाहट। यही दो शब्द हैं जो बहरूपियों की तरह रूप बदल-बदलकर आते रहते हैं। यदि पहचान लिए जाएँ तो फिर बहरूप ही क्या हुआ!

उसे वह फैंसी ड्रैस शो याद था जिसमें वह अपने वेष में चला गया था। किसी ने नहीं पहचाना। बाद में उसे बताया गया कि एक आदमी ने ग़ज़ब का बहरूप भरा था।

उसी दिन से जब कभी वह यह चाहता कि कोई उसे न पहचाने तो वह अपने चेहरे पर कोई चेहरा चढ़ाए बिना निकल जाता...और फिर उसे आदत-सी पड़ गई। उसने अपने चेहरे पर कोई चेहरा चढ़ाना बिलकुल छोड़ दिया। नतीजा यह निकला कि अब उसे कोई पहचानता ही नहीं। एक दिन उसने वह नक़ली मुसकराहट बॉक्स से निकालकर देखी जिसे वह होंठों पर चिपकाकर निकला करता था तो यह देखकर उसे बड़ा आश्चर्य हुआ कि वह तो एक बड़ी बेहूदा चीज़ थी। बेजान। बेमतलब। बेमज़ा। वह यह सोचकर हँस दिया कि इस मेक-अप में वह कैसा हवन्नाक दिखाई देता रहा होगा। उसने उस मुसकराहट को फिर बॉक्स में डाल दिया और यह सोचने लगा कि उसकी पत्नी ने इस चीज़ को सँभाल क्यों रखा है! उसे तो सफ़ाई का बड़ा शौक़ है।

उसकी पत्नी मसर्रत बड़ी सुघड़ और प्यारी लड़की थी। इश्क़ करते-करते थक-हारकर उसने मसर्रत से ब्याह कर लिया था। मसर्रत से उसे न ब्याह के पहले इश्क़ था और न ब्याह के बाद इश्क़ हुआ। और शायद इसीलिए वह उसे सही पर्सपेक्टिव में देख सकता था। इसीलिए वह बरसों इस फ़िक्र में रहा कि इस चाँद का दाग़ कहाँ है। गहरी छानबीन के बाद उसे पता चला कि मसर्रत को पुरानी चीज़ें जमा करने का शौक़ है। उसका बस चले तो नयी साड़ियाँ बेचकर कबाड़िये की दुकान से पुरानी साड़ियाँ ख़रीद लाए। यह पता उसे खासा-पुराना पति हो जाने के बाद चला। फिर भी पलभर के लिए वह काँप गया कि किसी दिन बोर होकर वह उसे औने-पौने निकालकर किसी कबाड़ख़ाने से कोई ऐंटीक पति न ख़रीद लाए।

उसने जब यह बात मसर्रत को बतायी तो वह खिलखिलाकर हँस पड़ी। उसने चोरों की तरह इधर-उधर देखा। बड़ा बेटा ख़ादिम हुसैन सामने ही रेडियोग्राम के पास क़ालीन पर लेटा गुनगुना रहा था :

रिमझिम बरसता सावन होगा,
झिलमिल सितारों का आंगन होगा।

छोटी बेटी ख़ातून जो अपनी छोटी गुड़िया के फ़्लू से सख़्त परेशान थी, बड़ी गुड़िया को डाँट रही थी कि वह छोटी को लेकर इस ठंड में घर से निकली ही क्यों...

ख़ादिम के गाने से बोर होकर वह बोली—भाई मियाँ, जब सावन रिमझिम बरस रहा है तो यह सितारे कहाँ से आ गए?

ख़ादिम सटपटा गया। पर वह छोटी बहन से हार भी नहीं मान सकता था। बड़े गंभीर लहजे में बोला—यह फ़िल्मी आंगन है।

बेटा-बेटी दोनों मशगूल थे। मसर्रत ने जल्दी से उसकी उस नाक का प्यार ले लिया। जिसका वह बहुत मज़ाक उड़ाया करती थी और बोली—ईडियट, तुम्हें यही ख़बर नहीं कि हर सुबह को मैं तुम्हें कबाड़ के कमरे में फेंककर दिल में हाथ डालकर एक नया यानी तुमसे भी एक दिन पुराना पति निकाल लेती हूँ!

उसे ठीक-ठीक पता नहीं था कि मसर्रत की बात पर हँसना चाहिए या नहीं, पर वह हँस पड़ा।

ख़ातून का हाथ हँसी की आवाज़ से हिल गया। गुड़िया की दवा ख़ादिम के उजले कुरते पर गिर गई। ख़ादिम ने उसे एक चाँटा मार दिया। उसने ख़ादिम को किचकिचाकर दाँत काट लिया। ख़ून छलक आया...

मसर्रत बीच-बचाव करने लपकी। पर भाई-बहन लड़ने के मूड़ में थे, दोनों उछल-कूद रहे थे। इस पर मसर्रत को हँसी आ गई...

इस मसर्रत के साथ ज़िन्दगी कभी पुरानी नहीं हो सकती। ज़िन्दगी बड़े मज़े से गुज़र रही थी। बस उस नक़ली मुसकान का ख़्याल उसे परेशान किया करता था। एक दिन चुपके से वह उसे एक कबाड़िये के हाथ बेच आया। बात आई-गई हो गई। वह उस मुसकराहट को भूल भी गया। उसके दिल से यह डर जा चुका था कि उसके मरने के बाद यदि उस पर रिसर्च करनेवाले को यह मुसकराहट मिल जाएगी तो क्या होगा। यह डर मिट जाने के कारण वह ज्यादा खुल कर हँसने लगा था। दो-एक दिन के बाद मसर्रत ने कहा—बिल्डिंग के लोगों को यह ख़बर करने की क्या ज़रूरत है कि तुम हँस रहे हो।

वह बोला-अरे तो क्या बिल्डिंग वालों के डर से मैं हँसना बंद कर दूँ!

बात बढ़ गई। सोलह बरस के बाद पहली बार बात बढ़ी थी...

तीन-चार दिन तक दोनों में बातचीत बंद रही। ख़ादिम और ख़ातून ने भी भाँप लिया था कि दाल में कुछ काला ज़रूर है। मसर्रत इस बीच में कई बार उन दोनों से इतनी दबी आवाज़ में, कि दूसरे कमरे में बैठा हुआ वह यह सुन सके, पूछ चुकी थी कि यदि वह दरभंगा चली जाय तो वह क्या करेंगे... दरभंगा का नाम सुनकर वह कांप जाया करता था। बात यह थी कि अपनी माँ से वह बहुत डरा करता था। वह सौतेली माँ रही होती तो वह सोच कर दिल को समझा लेता कि सौतेली माँ से और क्या उम्मीद हो सकती है। परन्तु वह तो उसकी सगी माँ थी और वह इकलौते बेटे से ज्यादा इकलौती बहू को चाहती थी।

कई दिन इस उधेड़बुन में गुज़र गए। एक दिन वह घर में सहमा-सहमा आया तो उसने देखा कि मर्सरत की आँखों में एक अज़ीब-सी चमक है। उसकी तरफ़ मसर्रत ने कनखियों से देखा। ख़ादिम निहायत नया, चुनी हुई आसतीनों वाला कुरता पहने दरवाज़े में खड़ा मुसकरा रहा था। ख़ातून गरारा पहने एक हाथ से पाँयचे और दूसरे से दुपट्टा सँभालने में लगी हुई थी।

वह चकरा गया। चकराने का आसान इलाज यह था कि वह सीधा अपने कमरे में चला जाए, वह अपने कमरे में चला गया।

पीछे-पीछे मसर्रत भी आई। उसने कमरे के दरवाज़े को अंदर से बंद किया। उसका दिल उछलकर हलक में आ गया। उसकी समझ में यह नहीं आ रहा था कि मसर्रत चाहती क्या है।

'सुनते हो?' मसर्रत ने कहा। क्या बेहूदा सवाल है, इन हिन्दुस्तानी बीवियों को आख़िर कब बात करना आएगा?

'क्या सुनूँ?' उसने बड़ी भलमनसाहट से पूछा।

'नहीं सुनते तो मत सुनो, मसर्रत चमक गई। मेरी जूती को क्या गरज़ पड़ी है। मैं ही पागल हूँ कि दो दिन से मारी-मारी फिर रही थी।'

'क्यों?'

'तुम्हारी सालगिरह के लिए और क्यों।'

'मगर मेरी सालगिरह के लिए मारे-मारे फिरने की क्या ज़रूरत है। सालगिरह तो राशंड है, साल में एक ही बार मिलती है। चोर बाज़ार से एक आध सालगिरहें ख़रीद लायीं क्या!'

उसका ख़्याल था कि यह सुनकर मसर्रत ज़मीन-आसमान एक कर देगी। पर वह तो हँसने लगी। हँसते-हँसते बेहाल हो गई।

हाल में आई तो बोली–'भई मुझे ख़फ़ा रहना नहीं आता।'

'तो मान जाओ।'

'मान गई। मगर तुम तो बड़े वह...।'

'वह क्या!'

'मेरा सिर। आज तुम्हारी सालगिरह है।'

'सार्टिफिक़ेट वाली कि असली वाली।'

'मैं तुम्हारे लिए बड़े ग़ज़ब की चीज़ लायी हूँ।'

'तुम हमेशा ग़ज़ब की चीज़ लाती हो।'

'देखोगे तो फड़क जाओगे।'

'अच्छा!'

'हाँ।'

वह मुसकरा दिया।

'तुम्हारी मुसकराहट बड़ी फटीचर है।'

'आदत पड़ गई है।'

'छोड़ दो। जैसे सिगरेट छोड़ दी।'

'ग़लत। मैंने सिगरेट को नहीं छोड़ा है। सिगरेट ने मुझे छोड़ दिया है। तंबाकू पर टैक्स इतना बढ़ गया है कि सिगरेट का ख़र्च और मकान का किराया बराबर हो गया है। पर अभी तक हँसना फ़्री है। तो मैं अडल्ट्रेटेड या इंफ़ीरियर मुसकराहट क्यों इस्तेमाल करूँ?' आगे न कह सका क्योंकि मसर्रत

की हथेली पर उसकी वह पुरानी मुसकराहट चमक रही थी जो एक दिन चुपचाप कबाड़िये की दुकान पर बेच आया था।

उसकी आँखें हैरत से फैल गईं।

'चकरा गए ना,' वह लहककर बोली। मैं ख़ुद इसे देखकर फेंक गई थी। बिलकुल तुम्हारे होंठ के नाप की है। उस गंवार कबाड़िये ने इस पर वार्निश ज़रा ज़्यादा कर दी है। मगर चलेगी तुम्हारे रंग से भी मैच खाती है। मैं उससे कह आई थी कि कलर होंठ में फिट नहीं होगा तो लौटा दूँगी...'

ज़ाहिर है कि अपनी वर्षगांठ के दिन वह उस मुसकराहट को स्वीकार नहीं कर सकता था।

वह मुसकराहट अब भी ड्रेसिंग टेबिल पर पड़ी हुई थी। उसी के पास मसर्रत की एक तसवीर थी। वह ख़ातून को गोद में लिए हँस रही थी। वह ड्रेसिंग टेबिल की तरफ़ बढ़ा। देर तक वह वार्निश की हुई उस मुसकराहट की तरफ़ देखता रहा। मसर्रत के बग़ैर अकेला रहना नामुमकिन था। उसने वह मुसकराहट अपने होंठो पर चिपका ली। सोचा कि फ़ौरन मसर्रत को एक ख़त लिखना चाहिए। क़ाग़ज मिल गया, कलम नहीं मिल रही थी। कलम के केस में ख़ातून की गुड़िया का दहेज़ रखा था...वह ढूँढ़ते वह थक गया। आख़िर उसने मसर्रत के ड्रेसिंग टेबिल की दराज़ें खखोड़ीं। आख़िरी दराज़ में उसे एक अजीब चीज़ मिली—मसर्रत जल्दी में अपने कहकहों का पूरा सेट भूल गई थी। वह खिलखिलाकर हँस पड़ा।

थोड़ी देर के बाद पड़ोस के लोग जाग गए। उन्होंने दरवाज़ा पीटना शुरू किया। परन्तु वह हँसता रहा। वह चाहता था कि अपनी हँसी रोक ले। पर जैसे टेढ़ी सुराही से पानी गिरना बंद नहीं होता उसी तरह उसके मुँह से क़हक़हा बह रहा था।

मसर्रत के क़हक़हों का सेट उसके हाथ में था। हँसते-हँसते वह खिड़की तक आ गया। बहुत नीचे सड़क रोशनी की एक लकीर की तरह पड़ी हुई थी। मसर्रत के क़हक़हों का सेट हाथों से फिसलकर खिड़की के बाहर जा पड़ा। उन्हें बचाने के लिए उसने हाथ बढ़ाया। वह हाथ नहीं आए, वह उन्हें बचाने के लिए झुकता ही चला गया।

सड़क एकदम से उछली और उससे टकरा कर टूट गई।

एम.एल.ए. साहब

एम.एल.ए. साहब के बारे में जानने की सबसे ज़्यादा महत्त्वपूर्ण बात यह है कि वह एम.एल.ए. नहीं थे। जो वह एम.एल.ए. रहे होते तो उनकी तरफ़ मेरा ध्यान ही न गया होता क्योंकि आज एम.एल.ए. होने में क्या बड़ाई है। हर सातवाँ-आठवाँ आदमी या तो एम.एल.ए. है या होना चाहता है। क्योंकि कोयले की इस दलाली में मुँह तो ज़रूर काला होता है पर मुट्ठी गर्म रहती है तो आज मुँह की क्या हैसियत। असल चीज़ तो मुट्ठी है और एक आसानी यह भी है कि यह काले लोगों का तो देश ही है, फिर मुँह की कालिख दिखाई किसे देगी, इसलिए ज़्यादातर लोग एम.एल.ए. या एम.एल.ए. के रिश्तेदार बनने की फ़िक्र में दुबले या मोटे होते रहते हैं। कहने का मतलब यह है कि एम.एल.ए. होने या न हो पाने में कोई नयापन नहीं रह गया है। आपको हर मुहल्ले में दो-चार एम.एल.ए. या एक्स एम.एल.ए. या एम.एल.ए. होते-होते रह जानेवाले मिल जाएँगे। तो फिर ऐसों की कहानी सुनाने में क्या मज़ा? और ऐसों की कहानी ही क्या इसीलिए एम.एल.ए. साहब में मेरी दिलचस्पी तब बढ़ी जब मुझे यह मालूम हुआ कि वह एम.एल.ए. हैं ही नहीं।

चुनाव के दिन थे। हर तरफ़ बड़ी चहल-पहल थी। लोग अपने-अपने कारोबार छोड़कर चंद दिनों के लिए नेता बने ठस्से से तक़रीरें करते घूम रहे थे।

कड़कड़ाते जाड़ों की रात थी। मैं सिनेमा देखकर लौट रहा था कि कान में आवाज़ आई—और अब मैं एम.एल.ए. साहब से दरख़्वास्त करता हूँ कि वह माइक पर तशरीफ लाएँ और अपने ख़यालात से आप लोगों को फायदा उठाने का मौक़ा दें।

सामनेवाली गली में दरी का फ़र्श लगा हुआ था। सामने कुछ बच्चे रूमाल के चूहे दौड़ा रहे थे। उनके पीछे बूढ़े चुनाव लड़नेवाले की चाय पीकर उसका विरोध करनेवाले की बात कर रहे थे।

तभी एक आदमी, दुबला-पतला, साँवले रंगवाला, सफ़ेद शेरवानी वाला माइक पर आया। गला साफ़ करने के बाद बोला—तक़रीरें तो आजकल आप लोग दिन-रात सुन रहे होंगे। मैं तो सरकार से कहनेवाला हूँ कि चुनाव में ख़र्च पर रोक-टोक करने का उसे कोई हक़ नहीं है। साहब यह बाबू द्वारका प्रसाद अपने चुनाव में सरकारी पैसा तो फूंक नहीं रहे हैं कि सरकार के पेट में दर्द हो रहा है। पर तक़रीर राशन कार्ड पर मिलनी चाहिए। जो एक वोटर को दो से ज़्यादा तकरीरें चटाए, उस पर मुक़दमा चलाना चाहिए और उसकी ज़मानत ज़ब्त कर लेनी चाहिए।

यह आवाज़ मेरी साइकिल का पीछा कर रही थी। मैं पलट आया।

एम.एल.ए. साहब बड़े मज़े में बोल रहे थे—तो साहब मैं तक़रीर नहीं करूँगा। मैं तो तीन सौ मील का सफर करके और दो रातें आँखों में काट के आपके पास सिर्फ़ यह कहने आया हूँ कि कांग्रेस को वोट देने से क्या फ़ायदा? अब तक क्या फ़ायदा हुआ जो अब कोई फायदा होगा। जनसंघ और मुस्लिम लीग और इस तरह की दूसरी पार्टियाँ तो न किसी गिनती में, न शुमार में, नफ़रत के इन ताज़िरों से हमें या आपको क्या लेना-देना? अब आइए, लाल झंडेवालों को लीजिए। तो साहब, लाल झंडा तो सौ फ़ीसदी बिदेसी है...वह रुके। भीड़ को घूरा, चेहरा ज़रा सख़्त पड़ा और फिर कड़कदार आवाज़ में बोले—अगर यह सच है कि हिंदुस्तान आज़ाद हो गया है तो आपके वोटों का हक़दार सिर्फ़ कोई आज़ाद उम्मीदवार ही हो सकता है और बाबू द्वारका प्रसाद से ज़्यादा आज़ाद तो कोई दूसरा उम्मीदवार है नहीं...

बाबूजी के लोगों ने तालियाँ बजाईं।

एम.एल.ए. साहब मुसकराए, बोले—तो मैं यह अर्ज़ कर रहा था कि मैं कोई तक़रीर नहीं करूँगा। हाँ, आप लोगों में से कोई साहब कोई सवाल करना चाहें, तो मैं हाज़िर हूँ।

कोई साहब नहीं बोले।

एम.एल.ए. साहब ने कहा—कोई बात नहीं। मैं ख़ुद ही आपकी तरफ़ से सवाल भी करूँगा और जवाब भी दूँगा। आप कह सकते हैं कि बाबूजी को वोट देने से क्या फ़ायदा, वह कर ही क्या सकते हैं? बिलकुल सही सवाल है...आपका, और मैं इस सवाल का सीधा जवाब देता हूँ। बाबू जी एम.एल.ए. हो जाने के बाद आपके लिए कुछ नहीं करेंगे। पर जब मैं पूछता हूँ कि अब से पहले आप जिन लोगों को यहाँ से एम.एल.ए. बना चुके, उन लोगों ने आपके लिए क्या किया? कितने तीर मारे? कितने मैदान जीते? तो फिर

आप बाबूजी ही से यह सवाल क्यों करें? अब तक तो आप लोगों को इसका आदी हो जाना चाहिए था कि जिसे वोट दिया जाता है, वह आपके लिए कुछ करता-वरता नहीं। पर बाबूजी और दूसरों में एक फ़र्क़ ज़रूर है। यह दूसरों की तरह आपसे झूठे वादे नहीं कर रहे हैं। यह एलेक्शन मेनिफेस्टो तो नहीं बँटवाते और सबसे बड़ी बात यह है कि इनका पेट कई पुश्तों से भरा हुआ है। आप अगर फ़िर किसी भुक्खड़ को बावरचीख़ाने का दारोग़ा बनाना चाहें तो आपकी मरज़ी। मगर पाँच बरस फिर फ़ाक़े ही करने पड़ें तो यह मत कहिएगा कि भैया बात तो एम.एल.ए. साहब सोलह आने पाव रत्ती खरी कह गए थे।

वह रुक गए क्योंकि एक नौजवान की गांधी टोपी बीच में खड़ी हो गई थी।

एम.एल.ए. साहब मुसकराकर बोले–कहिए मियाँ? टोपी ने कहा–सरकार ने हमारे लिए बहुत कुछ किया है साहब...

एम.एल.ए. साहब ने टोक दिया–बहुत कुछ किया है। गेहूँ तीन सेर से ढाई सेर का कर दिया गया है ताकि लोगों को भूखे मरने में आसानी हो। क्या बात करते हो साहबज़ादे। अरे इस सरकार ने तो मरने तक पर टैक्स लगा दिया है। कहाँ रहते हो तुम, क्या किया है सरकार ने। कभी सेर भर चावल उधार दिया है उसने आपको? टैक्स में कभी मोल-तोल किया है आपने। सरकार है कि बाटा की दुकान? एक रेट बाँध दिया है। ज़िन्दगी नक़ली मिलेगी पर दाम ऐसी ज़िन्दगी का वसूलेगी जैसे यह ज़िन्दगी आर्डर भेजकर ख़ास आप लोगों के लिए ऊपर से मँगवायी गई है। क्या किया है सरकार ने ज़रा मैं भी तो सुनूँ?

बिचारी कमसिन टोपी घबरा गई। भरे मजमे में चोरों की तरह खड़ी रह गई। थूक घोंटकर बोली–सरकार ने क्या पन-बिजली द्वारा...

टोपी टोक दी गई–एक मिनट मियाँ। आपने अच्छा याद दिलाया। पन-बिजली की बात तो मैं भूल ही गया था। सरकार ने पानी से बिजली तो ज़रूर निकाली है मियाँ पर दोस्तो, इसे कहते हैं चोरी और उस पर सीनाजोरी। असली घी अब दवा के लिए नहीं मिलता। असली मक्खन किसी को लगाने तक के लिए नहीं मिलता और यह श्रीकृष्ण का देश कहा जाता है। चावल में इतना कंकर होता है कि कभी-कभी यह ख़्याल होता है कि चावल में कंकर नहीं बल्कि कंकर में चावल मिला हुआ है। एक पानी बचा था जिसे पीकर लोग जीते थे तो सरकार ने उस पानी की बिजली निकाल ली। अरे

बिजली ही निकल गई तो पानी में रहा क्या? यह हिजड़ा पानी पीकर नयी नस्ल का क्या हाल होगा साहब? और सितम ज़रीफ़ी यह कि पानी की बिजली निकाल ली और वाटर टैक्स बढ़ा दिया। आप पूछते हैं कि बाबूजी एम.एल.ए. होने के बाद क्या करेंगे? बाबूजी कोशिश करेंगे कि पानी की निकली हुई बिजली पानी में वापस मिला दी जाए...

इस बार बाबूजी के आदमियों को ताली नहीं बजानी पड़ी। सामने बैठे हुए बच्चे तो कब के सो चुके थे, पर यह बात बड़े बूढ़ों की समझ में आ गई।

बिचारी कमसिन गांधी टोपी के पास इस बात का कोई जवाब नहीं था।

दूसरे दिन शहर के राजनीतिक वातावरण में हलचल मच गई। किसी के पास इस बात का जवाब नहीं था। किसी की समझ में नहीं आ रहा था कि बेपढ़े लोगों को कैसे समझाया जाए कि पानी हिजड़ा नहीं हुआ। और दूसरे ही दिन एम.एल.ए. साहब के इशारे पर बाबूजी ने तुरुप का इक्का चल दिया। लाउडस्पीकर पर ऐलान किया गया कि बाबूजी ख़ास अपने ख़र्च पर शहर में एक सौ पचास कुएँ खुदवायेंगे और दो सौ कुओं की सफाई करवाएँगे।

सारी राजनीति धरी रह गई। एलेक्शन मेनिफ़ेस्टो रद्दी बाज़ार में आ गए। अखिल भारतीय नेताओं ने एड़ी-चोटी का ज़ोर लगा दिया पर पानी का हिजड़ापन न गया और बाबू द्वारका प्रसाद चुनाव जीत गए।

मैं तो उसी रात वाली मीटिंग में एम.एल.ए. साहब का क़ायल हो गया था। पर फिर बात आई गई हो गई। हाँ, जब चुनाव के दिन आते तो मुझे एम.एल.ए. साहब की याद ज़रूर आती और मैं सोचने लगता कि आजकल वह किसका चुनाव लड़ा रहे होंगे। बात कभी इससे आगे नहीं बढ़ी कि एक दिन फिर उनकी भनक मिली।

चुनाव ही के दिन थे। कम्युनिस्ट पार्टी के एक दोस्त ने अपनी तरफ़ से एक लतीफा सुनाया।

बोला—एम.एल.ए. साहब ने तो नाक में दम कर दिया है, यार। क्या-क्या तरकीबें सूझती हैं उन्हें अब वह कांग्रेसी हो गए हैं। एक बीहड़ इलाक़े में कैन्वेसिंग करने गए। उस कांस्टिटुएंसी में हम लोग चार साल से काम कर रहे हैं और यक़ीन था कि इस चुनाव में हम ही जीतेंगे कि बिटिया रानी ने एम.एल.ए. साहब बुक कर दिया और साहब उस आदमी ने एक घंटे में हमारी चार साल की मेहनत पर पानी फेर दिया।

मैं हँस पड़ा—हुआ क्या?

वह बोला—हुआ वह जो कोई सोच भी नहीं सकता था। हम लोगों ने सारा ज़ोर इस पर लगाया था कि उस क्षेत्र में एम.एल.ए. ने ट्यूबवेल लगवाने का वादा किया था। ज़ाहिर है कि वादा पूरा नहीं हुआ तो हम लोगों ने तय किया कि चुनाव की हर मीटिंग में यही एक सवाल उठाया जाए। पर एम.एल.ए. साहब ने पैदली मात दे दी और अब इस चुनाव में तो हम लोग वहाँ से जीत नहीं सकते। क्या सूझती है कमबख़्त को!

कहते हैं कि खड़ी दोपहर में किसानों के एक परिवार ने देखा कि एम. एल.ए. साहब साइकिल चलाते चले आ रहे हैं। साइकिल के कैरियर पर मज़बूत रस्सी से एक बक्स बँधा हुआ है।

बूढ़ा किसान बोला—लगि रहा कि ओट की फसिल आय गई तनी पानी खींच लिया रे।

छह-सात साल का एक लड़का रस्सी-डोल लेकर कच्चे कुएँ की तरफ़ लपक गया। इतने में साइकिल पास आ गई। किसान खड़े हो गए।

बूढ़े किसान ने सलाम किया—सलाम एमएल्ले साब।

वह साइकिल से उतरते हुए बोले—सलाम भाई, सलाम। क्या हाल-चाल हैं?

नौजवान किसान बोला—अहाल चाल कैयसा साब खाए को केत मिलत ना बा। हाल चाल कहाँ से होई...

एम.एल.ए. साहब इस बात को साफ़ टाल गए। वह तीन साल के उस बच्चे के सिर पर प्यार से हाथ फेरने लगे, जो उनकी तरफ़ ग़ौर से देख रहा था। बोले-अरे, यह तो ज़रा नहीं बढ़ा।

नौजवान किसान खड़ी बोली में बोला—इ वह लड़का नहीं है जेको आप पाँच बरस पहिले देख गए रहे। वह तो आप ख़ातिर कुएँ से पानी खींच रहा है। चुनाव में एही तो लंबरी खराबी है कि पाँच बरिस के बाद होता है। भेंट-मुलाकात का चानस नहीं भिड़ता।

अधेड़ उम्र वाला बोला—भैया त आपको देखते ही ताड़ गए रहे कि होय न होय चुनाव का जमाना आगइल बाय नहीं त भला आपका दरसन होत इ खड़ी दुपहरिया माँ!

एम.एल.ए. साहब मुसकराते रहे। उनकी मुसकराहट में एक शिकन तक नहीं पड़ी। बोले—कह लो भई, कह लो। तुम लोग नहीं कहोगे तो क्या कहनेवाले किराए पर बुलाए जाएँगे रूस या चीन से। तुम लोग यह सोचते हों ना कि एम.एल.ए. साहब पाँच बरस के बाद आते हैं और वह भी वोट माँगने पर भई राम अवतार, हम तो हैं ख़ल्क के ख़ादिम—क्या कहते हैं, हाँ,

जनता के सेवक और जनता ख़ाली इस गाँव के आस-पास तो रहती नहीं। सारे सूबे, मतलब देश का चक्कर लगाना पड़ता है। जब तक इधर का नंबर आए-आए पाँच बरस बीत जाते हैं। रुपए की तरह बरस की कीमत भी बहुत लटक गई है। दन से ख़तम हो जाता है।

लड़का पानी लेकर आ गया और एम.एल.ए. साहब कुल्ली करने और हाथ-मुँह धोने में लग गए। पर बोलते भी जा रहे थे कि जो वह न बोलते तो इसका ख़तरा था कि नौजवान किसान फिर कोई टेढ़ी बात शुरू कर देगा—अब साइकिल नहीं चलायी जाती। थक जाता हूँ। पर क्या करूँ, न आऊँ तो तुम लोग ताना दोगे।

बूढ़ा किसान बोला—एक ठो मोटर कौन लिजिए। सब झंझटे खतम हो जायी।

एम.एल.ए. साहब आख़िरी कुल्ली करने के बाद बोले—क्या बात करते हो? अरे हम वह नहीं हैं जो मोटर पर चढ़ के इंकिलाब की ख़बर सुनाते फ़िरते हैं। और क़ौम के गम में डिनर खाते हैं हुक्काम के साथ। जनता तो धूप में जले और जनता का ख़ादिम मोटरों पर दनदनाता फिरे, तो लानत है उस आदमी पर।

बूढ़ा किसान लाजवाब-सा हो गया। बोला—बाक़ी...

पर एम.एल.ए. साहब भला उसे कहाँ बोलने देते। बात काट के बोले—न बाक़ी न जमा। इंदिरा गांधी एक दिन हम से ख़ुद बोलीं कि एम.एल.ए. भाई, हमको भाई कहती है। रक्षा बंधन पर जो मैं दिल्ली न जाऊँ, तो फूल जाती हैं, हाँ तो क्या कह रहा था मैं कि वह एक दिन ख़ुद बोलीं कि एम.एल.ए. भाई, कहिए तो आपको एक आधा मोटर खरिदवा दूँ। मैंने कहा, बिटिया मुझे तो माफ़ ही रक्खो। हमको हवाई जहाज़ पर चढ़ के जनता के दुःख-दर्द का तमाशा देखने का कोई शौक नहीं है। भरी सभा में जो मैंने तड़ाक से यह कहा तो बिटिया का मुँह इत्ता-सा हो गया—वह रुक गए और शेरवानी की जेब से पानों की डिबिया निकाल कर पान खाने में लग गए।

किसान परिवार मुँह खोले इस इंतिज़ार में कि आगे क्या होगा।

एम.एल.ए. साहब ने पान खाने और डिबिया को जेब में रखने के बाद फिर बात का सिरा थामा—तो बिटिया खिसिया के हँसने लगीं। अरे भई, हम क्यों दबें किसी से। हम सियासत, मतलब राजनीति का काला व्योपार तो करते नहीं। खरे आदमी हैं और खरी बोलते हैं।

नौजवान किसान तक पर रोब पड़ गया। पूछने लगा—आप परधान मंतरी से ई बोल दिया?

वह बोले—क्यों न बोलता। भाई दीनदयाल शर्मा की तरफ़ मुड़ के बोलीं—हम इस साल एम.एल.ए. भाई को टिकट देना चाहते हैं। शर्मा जी पूछने लगे, कितने टिकट दे दूं। मैंने पूछा, सनीमा ओनीमा के टिकट की बात हो रही है क्या? इस पर शर्मा जी झेंप गए और बिटिया खिलखिला के हँसने लगीं। जब हँसी ख़तम हुई तब हमने बिटिया से कहा कि हम तो गांधी जी के नाम लेवा हैं। चुनाव हरगिज़ नहीं लड़ेंगे। पर जो हमको ख़ुश करना चाहती ही हो तो सेठ धरमदास को टिकट दे दो। अब मेरी बात तो वह टाल नहीं सकती थीं। जगजीवन राम, दीनदयाल शर्मा, ए साहब चावन साब ने एड़ी चोटी का ज़ोर लगा दिया कि धरमदास को किसी तरह टिकट न मिलने पाए। पर बिटिया ठन गई कि एम.एल.ए. भाई ने ज़िन्दगी में पहली मरतबा तो कुछ माँगा है। टिकट तो उसी को मिलेगा, जिसे भाई टिकट दिलवाना चाहेंगे। तो सेठ साहब को टिकट मिल गया और चुनाव का सारा भार मेरे सर आया। अब घूम रहे हैं गाँव-गाँव वोट माँगते।

नौजवान बोला—ए साहब आप का कहा सिर आँख पर। पर हम काहे को वोट दें आपके कहे से? बदले में हम्में का मिलेगा? पिछले चुनाव से पहिले आप बचन दे गए रहे कि चुनाव के बाद हिया ट्यूबबेल लग जाएगा। कहाँ है ऊ ट्यूबबेल?

एम.एल.ए. साहब को ताव आ गया। बोले—क्या कही, नहीं लगा वह ट्यूबबेल? अभी ख़बर लेता हूँ बिटिया की। ज़रा वह बक्सा उतरवाना—

साइकिल के कैरियर से बक्सा उतरकर उनके सामने आया। उन्होंने उसे खोला। उसमें एक ड्राई बैट्री सेट था। लकड़ी का एक चौकोर तख़्ता था जिसमें दो बल्ब लगे हुए थे। दो प्वाइंट्स थे। टेलिफोन का एक चोंगा था। एम.एल.ए. साहब ने चोंगे का प्लग लगाया। तख़्ते को बैट्री से जोड़ा दोनों बल्ब जलने-बुझने लगे। किसानों का मुँह खुले का खुला रह गया। पर एम.एल.ए. साहब उनकी तरफ़ देख ही नहीं रहे थे। वह तो गुस्से में नंबर डायल कर रहे थे। नंबर मिल गया। यह धाड़े—हलो कौन? जगजीवन राम? अरे भई आपसे कौन बात कर रहा है। मैं एम.एल.ए. बोल रहा हूँ। नमस्ते नमस्ते। ज़रा प्रियदर्शनी को फ़ोन दीजिए। अब आप प्रियदर्शनी को नहीं जानते? अरे साहब प्राइम मिनिस्टर। वज़ीरे-आज़म। परधान मंत्री। अब समझे कि अरबी फ़ारसी में भी बोलूँ? क्या लोग हैं—क्या कहा? सो रही हैं। अरे तो जगा दीजिए साहब। आप क्या मक्खी झल रहे हैं—

उन्होंने किसानों की तरफ़ देखा जो उनके रोब के बोझ से दबे जा रहे थे। बूढ़ा किसान तो डरा-डरा-सा लग रहा था कि कहीं पता चल गया कि जगजीवन राम पर उसके पास से झाड़ पड़ी है और पुलिस ने पूछ गछ शुरू की तो वह क्या जवाब देगा। बोला—अरे रहे देई, भुला गइल हो इहें, ट्यूबबेल कहाँ भागल जात बा लग जाई।

एम.एल.ए. साहब कहाँ रुकनेवाले थे। बोले—रहने कैसे दूँ जी, झूठा तो मैं बना ना—हलो, बिटिया? यह सब क्या आफ़त मचा रक्खी भई तुमने? ऐं? एक ट्यूबबेल नहीं लगवा सकती तो परधान मंतरी बनी क्या बैठी हो? इस्तेफ़ा देके छुट्टी करो—नहीं नहीं नहीं, इस बहानेबाज़ी से काम नहीं चलेगा—अरे अमरीका से ट्यूबबेल नहीं आया तो हम क्या करें। तुम तो वहाँ दिल्ली में बैठी हो, जनता को सामना तो मुझे करना पड़ता है—क्या कहा? मार्च तक ज़रूर लग जाएगा। ठीक है। मार्च में अब कितने दिन रह गए हैं। पर कान खोल के सुन लो कि जो मार्च तक ट्यूबबेल न लग गया तो मैं फ्लोर क्रास करके अपोज़िशन में मिल जाऊँगा और जो मैं अपोज़िशन में चला गया तो समझ लो कि न तुम्हारी पार्टी की ख़ैर है न तुम्हारी सरकार की—हाँ, हाँ, ठीक है। अब बंद करो फोन, तुम्हें तो कोई काम-धाम है नहीं, बस फोन लेकर बैठ गईं।

एम.एल.ए. साहब ने फ़ोन रख दिया और डरे हुए किसानों की तरफ़ देखकर उदासी से मुसकराते हुए बोले—तुम लोगों की वजह से झाड़ पड़ गई बिचारी पर। मगर अब मार्च नहीं तो अपरैल तक ट्यूबबेल ज़रूर लग जाएगा।

उन्होंने बक्सा बंद किया। उसे नौजवान किसान की तरफ़ सरकाते हुए बोले—ज़रा इसे साइकिल पर चढ़ा दो। नौजवान किसान का सारा विरोध ख़त्म हो चुका था। जो आदमी प्रधान मंत्री को डाँट पिला दे उससे डरना चाहिए।

तो एम.एल.ए. साहब अपने टेलिफोन समेत साइकिल पर चले गए और कम्युनिस्ट पार्टी यह सोचती रह गई कि लोगों को यह कैसे बतायें कि फोन यूँ नहीं किए जाते। सुनेगा कौन, क्योंकि यह तो आँखों देखी बात थी। जब तक पार्टीवालों को पता चले यह बात जंगल की आग की तरह फैल गई कि प्रधान मंत्री पर एम.एल.ए. साहब की डाँट पड़ गई और उन्होंने ख़ुद वादा किया है कि मार्च में ट्यूबबेल लग जाएगा।

चुनाव का नतीजा क्या निकला यह मुझे नहीं मालूम। पर मैं सोच में पड़ गया। यह एम.एल.ए. साहब तो बहुत ही दिलचस्प आदमी हैं। यानी यह

आदमी तो कहीं रुकनेवाला ही नहीं, धूल में रस्सी बँटने की कहावत भी साफ़ समझ में आ गई और जी चाहने लगा कि एम.एल.ए. साहब से मिला जाए। पर ज़िन्दगी के अपने चक्कर होते हैं। आदमी जिससे मिलना चाहता है उसी से नहीं मिल पाता और जिनसे नहीं मिलना चाहता उनसे बार-बार मिलना पड़ता है और हर बार यह साबित करना पड़ता है कि उनसे मिलकर बड़ी खुशी हुई।

ज़िन्दगी की तमाम भाग-दौड़ के बावजूद एम.एल.ए. साहब मेरे दिमाग़ के एक कोने में पड़े रहे और मैं उनके बारे में सोचता रहा। पर उनसे मिलने की कोई शक्ल न निकली क्योंकि हम दोनों के क्षेत्र अलग-अलग थे। वह राजनीति के ट्रेव्लिंग एजेंट थे। उठल्लू चूल्हे। आज यहाँ और कल वहाँ और चूँकि राजनीति उनका आदर्श नहीं थी बल्कि केवल पेशा थी इसलिए उनका कोई एक मंच भी नहीं था। जैसे रंडियाँ मुजरे का बीड़ा लेती हैं। वह चुनाव का बीड़ा लिया करते थे। उन्हें इससे मतलब नहीं था कि चुनाव लड़ कौन रहा है। जनसंघ से लेकर मार्क्सवादी कम्युनिस्ट पार्टी तक वह सबका चुनाव लड़ाने को तैयार रहते थे और चुनाव लड़ाते तो ऐसा कभी नहीं लगता कि वह किराए पर लाए गए हैं। लगता कि जो कुछ कह रहे हैं वही उनके दिल में है। उनके जाननेवाले उनके रेल-टिकट को देखकर भाँप लिया करते थे कि चुनाव कहीं होनेवाला है? फ़र्स्ट क्लास में सफ़र करते तो बताये बिना लोग जान लेते कि चुनाव कम-से-कम असेम्बली का है। सेकेंड में दिखाई देते तो इसका मतलब यह निकलता कि चुनाव म्युनिसिपैलिटी या टाउन एरिया का है। थर्ड में होते तो मतलब यह कि अपने किसी काम से मजबूरन यात्रा कर रहे हैं।

कवि, कवि सम्मेलन मारते हैं। माँ-बाप चाँटा मारते हैं। पहलवान दंगल मारते हैं। छैले आँख मारते हैं। अमरीकावाले बम मारते हैं। एम.एल.ए. साहब चुनाव मारा करते थे।

चुनाव के दिन आते तो महीनों पहले से उनकी आवभगत शुरू हो जाती। भाँत-भाँत के लोग उनके घर पर दिखाई देने लगते, मोल-तोल शुरू होता। चाय चल रही है। पुराने चुनावों के हथकंडे सुनाए जा रहे हैं और साथ ही साथ एम.एल.ए. साहब यह भाँपने में लगे हैं कि असामी कितने में कटेगा—एक आध बार तो ऐसा भी हुआ कि एम.एल.ए. साहब को पता चलता कि उन्होंने एक ही कांस्टिटुएंसी के दो उम्मीदवारों से पैसे ले लिए हैं। अब वह धर्म-संकट में पड़ जाते। पर वह आदमी नमक हराम नहीं थे। थे?

देखिए यह बताना तो भूल ही गया कि एम.एल.ए. साहब का देहांत हो चुका है और यह लेख नहीं श्रद्धांजलि है। उन्हें थे लिखना बड़ा अजीब लग रहा है। हो सकता है कि ऊपर भी कोई चुनाव हो रहा हो और एम.एल.ए. साहब ने यहाँ का बीड़ा ले लिया हो। क्योंकि जो आदमी इतना जीवित हो वह मर कैसे सकता है।

उनके मर जाने से भारतीय डिमोक्रेसी का इतना बड़ा नुक़सान होगा कि मैं कह नहीं सकता। क्योंकि उनके सिवा भारत में मुझे कोई पक्का राजनीतिक दिखाई ही नहीं देता। चुनाव उनका पेशा भी था और ज़िन्दगी भी। चुनाव हारने या जीतने में उन्हें कोई दिलचस्पी नहीं थी और यही उनका सबसे बड़ा गुण था।

क्योंकि घपले तो चुनाव हारने या जीतने के बाद ही शुरू होते हैं। जो जीत जाते हैं वह घूस खाना शुरू कर देते हैं और जो हार जाते हैं वह 'डिमोक्रेसी बचाओ' आन्दोलन चलाने में लग जाते हैं और उस वक्त तक यह आंदोलन चलाते रहते हैं जब तक कि ख़ुद चुनाव न जीत लें, चुनाव जीत कर वह घूस खाने में लग जाते हैं और डिमोक्रेसी बचाओ आन्दोलन उनके हाथ में आ जाता है जो अब चुनाव हारे हैं।

यही कारण है कि एम.एल.ए. साहब कभी भारतीय प्रजातंत्र के भविष्य से मायूस नहीं हुए। उनका कहना था कि कोई-न-कोई तो चुनाव हारेगा। वह अगले पाँच बरसों तक प्रजातंत्र बचाओ आंदोलन अवश्य चलाएगा क्योंकि यदि इस बीच में प्रजातंत्र का देहांत हो गया तो फिर उन्हें चुनाव जीतने का अवसर ही नहीं मिलेगा।

उनका थीसिस यह था कि भारत में प्रजातंत्र चुनाव हारनेवालों की अथक कोशिशों की वजह से बचा हुआ है और साहब आप बुरा मानें या भला, इस मामले में मैं एम.एल.ए. साहब से सहमत हूँ।

सुना है कि मरने से कुछ ही दिनों पहले वह एक आल इंडिया चुनाव हारन कमेटी के नाम से एक अखिल भारतीय पार्टी बनाने की सोच रहे थे और इस सिलसिले में बहुत से सुप्रसिद्ध चुनाव हारनेवालों से उनकी बातचीत चल रही थी। यदि यह पार्टी बन गई हो तो यह अपनी तरह की पहली पार्टी होती और विश्व राजनीति के इतिहास में उनका नाम सोने के अक्षरों से लिखा जाता, पर उनका नाम था क्या? उनके पिता के सिवा उनका नाम किसी को याद नहीं, क्योंकि तमाम लोग उन्हें एम.एल.ए. साहब ही के नाम से जाना करते थे। उनकी पत्नी तक उन्हें एम.एल.ए. साहब ही

कहा करती थीं। मैंने वोटरों की लिस्ट देखी तो पता चला कि उसमें उनका नाम ही नहीं है, वह वोटर बने ही नहीं। उनका कहना था कि जो वह वोटर बने तो किसी-न-किसी उल्लू के पट्ठे को वोट देना ही पड़ेगा और वह किसी को इस लायक़ ही नहीं समझते थे कि उसे वोट दिया जाए।

बहुत छानबीन के बाद पता चला कि उनका नाम लतीफ़ अहमद था। नास्तिक थे इसलिए अलीगढ़ मुस्लिम यूनिवर्सिटी में मौलाना कहे गए। जल्दी में पुकारना हो तो मौलाना लतीफ अहमद पुकारने में देर लगती थी और जब तक नाम पूरा हो, यह एक-आध फर्लांग निकल जाया करते थे, क्योंकि इन्हें तेज चलने का ख़ब्त था। ख़ाली मौलाना पुकारो तो डिपार्टमेंट ऑफ थियालोजी का कोई विद्यार्थी मुड़ पड़ता। उन दिनों यूनिवर्सिटी में 10 या 11 लतीफ़ अहमद थे। तो मौलाना लतीफ़ अहमद को जल्दी में पुकारने लायक बनाने के लिए एम.एल.ए. कर दिया गया।

पहली जनवरी 1922 को सवेरे चार बजे पैदा हुए।

इकत्तीस दिसंबर 1974 को मरे।

होश सँभालने से लेकर होश गँवाने तक केवल चुनाव लड़ाते रहे।

उन्होंने अपने पीछे एक बाप, दो माँएँ और एक पत्नी छोड़ीं।

एक आदमी की पूरी ज़िन्दगी इन तीन जुमलों में आ गई। तीन जुमले भी मरने के बाद मिलते हैं। ज़िन्दगी तो एक जुमले में आ जाती है। जन्मदिन—जो शायद इसलिए महत्त्वपूर्ण होता है कि उसके सहारे मरने के दिन गिनने में आसानी होती है।

पर एम.एल.ए. साहब चुनाव हारनेवालों को सदा याद आते रहेंगे। उनके मर जाने से चुनाव का मज़ा आधे से कम रह गया। भारतीय प्रजातंत्र को उतना नुकसान श्रीमती गांधी या श्री जयप्रकाश नारायण मिल-मिलाकर भी नहीं पहुँचा सकते, उसे उतना नुकसान मौत के फ़रिश्ते ने पहुँचा दिया। मैं माँग करता हूँ कि उनकी मौत की छानबीन की जाए। मुझे तो इसमें साफ़ सी.आई.ए. का हाथ दिखाई देता है और यदि ऐसा नहीं तो फिर यह काम—जाने दीजिए। नाम लेने से क्या फ़ायदा। पाकिस्तान के स्वर्गवासी डॉक्टर तासीर का एक शेर याद आया—

दावरे-हश्र मेरा नामए-आमाल न देख।
इसमें कुछ पर्दानशीनों के भी नाम आते हैं॥

चम्मच भर चीनी

पता नहीं रात ख़त्म हुई थी या नहीं। पता इसलिए नहीं कि आँखें बंद हों तो रात और दिन में फ़र्क़ करना मुश्किल हो जाता है। और वह लगभग बारह-चौदह साल से आँखें बंद किए जी रहा था—या शायद मर रहा था।

मैंने उससे कई बार कहा भी कि आँखें बंद करने से वास्तविकता नहीं बदलती पर उसने हर बार यही जवाब दिया कि—यार, यह आँखें खोलने का युग ही नहीं है, किसी ने सूरज के सातों घोड़ों को समय के रथ के पीछे जोत दिया है। और वर्तमान से भविष्य की तरफ़ जानेवाला रास्ता जैसे बंद हो गया है। सूरज के घोड़े समय को अतीत की तरफ़ खींचे लिए जा रहे हैं, समय सूरज के उलटे जुते हुए घोड़ों से कमज़ोर है। तो इस चक्कर में कौन पड़े—जब मैं जानता हूँ कि मैं अकेला धारा की दिशा नहीं बदल सकता तो आँखें खोल के अपने डूबने और हारने का तमाशा क्यों देखूँ—

उसकी यह बात एक तरह से दिल को लगती भी है। इसीलिए हमेशा की तरह मैं फिर चुप हो गया पर मुझे लगा कि वह अपनी बंद आँखों से मेरी तरफ़ देख रहा है और उसके मुर्दा होंठों पर बहुत दूर से चल के आई हुई, थकी-माँदी-सी एक मुसकराहट है।

बोला—'मेरी चाय में शकर ज़रा ज़्यादा डालना।'

मैंने पूछा—'क्यों? शकर यूँ ही बहुत महँगी है—शकर खाने से दिल की बीमारियाँ भी हो जाती है।'

वह हँस पड़ा। फिर बोला—'दिल? जाना जाता है कि इस राह से लशकर गुज़रा। दिल है कहाँ यार, यह नगर सौ मरतबा लूटा गया...'

मैंने जलकर कहा—'ज़िन्दगी ग़ज़ल के बाहर भी है।'

वह बोला–'हाँ पर ज़िन्दगी ग़ज़ल के अंदर भी है–एक चम्मच चीनी तो और डालो यार।'

मैं झल्ला गया–'कहा न कि शकर महँगी हो गई है।'

उसने पूछा–'अच्छा यह बताओ कि पिछले सत्ताईस-अट्ठाईस बरसों में मेरे सिवा सस्ती क्या चीज़ हुई है?'

यह सवाल सुनकर मैं काँप गया।

उसके सवाल के प्याले में जो ज़हर था उसे देखकर तो शायद शिवजी भी घबराकर दो क़दम पीछे हट जाते।

देवताओं ने समुंदर को मथा,
ज़हर भी, अमृत भी मिला।
ज़हर पीने के लिए,
एक ही हाथ बढ़ा,
देवताओं ने समुंदर को मथा।
–एक क़तरे को मगर कौन मथे?
देवता मुझसे बड़े हो।
तो मथें मेरी तरह,
एक क़तरे को ज़रा–
ज़हर पी लेने को तैयार हूँ मैं।
इंद्र दरबार में है कोई,
जो आगे बढ़कर,
बूँद मंथन को उठा ले बीड़ा?
किसने अपने को मथा,
मेरे सिवा–
मेरे ही जैसे दीवानों के सिवा?
इंद्र दरबार में कोई नहीं,
सब उठ गए,
सन्नाटा है।
अब यहाँ कोई नहीं, कोई नहीं, कोई नहीं–
मेरे सिवा,
देवताओं के नगर से तो वही मेरी जमीं अच्छी थी।
उसकी आवाज़ मेरे दिल के गुंबद में गूँजती रही।

फिर आवाज़ ख़त्म हो गई। गूँज बाक़ी रही। और वह गूँज मुझ पर तपती हुई रेत के ज़र्रों की तरह बरसती रही और मेरे विचारों और मेरी भाषा और मेरे शब्दों और मेरी आवाज़, मेरी जाग और मेरी नींद के बदन पर छाले पड़ते रहे–

और गूँज के उस बेरहम सहरा में उसकी आवाज़ फिर आई इसीलिए कहता हूँ कि मेरी चाय में एक चम्मच चीनी और डाल दो।

फिर सन्नाटा।

उसकी आवाज़ इतनी साधारण थी कि मैं डर गया। मैंने जल्दी से शकर-दान में चमचा डाला परन्तु चमचे ने शक्कर को जैसे ही छुआ वैसे ही भरा हुआ शक्कर-दान खाली हो गया और दो मुट्ठी चीनी सिमटकर आधा चम्मच चीनी बन गई।

और वह खिलखिलाकर हँस पड़ा। बोला–'कथाकार जी, इस शकर-दान में बस इतनी ही चीनी थी। वास्तविकता बस यही आधा चम्मच है, बाक़ी सपना है सपना। यह आधा चम्मच चीनी जल्दी से मेरी चाय में डाल दो नहीं तो यह भी ग़ायब हो जाएगी। और मुँह की कड़वाहट कम करने के लिए इस आधा चम्मच वास्तविकता की मिठास भी नहीं मिलेगी।'

मैंने घबराकर आधा चम्मच चीनी की तरफ़ देखा। मुझे लगा कि चीनी जैसे आधा चम्मच से भी कम रह गई है। मैंने जल्दी से वह आधा चम्मच से भी कम चीनी उसकी प्याली में डाल दी।

उसने प्याली को अपनी तरफ़ सरका लिया और फिर अपने बाएँ हाथ से प्याली में चीनी घोलने लगा।

मैंने पूछा–'बाएँ हाथ से शकर क्यों मिला रहे हो?'

उसने कहा–'जिसे तुम मेरा बायाँ हाथ समझ रहे हो, वह दर-असल मेरा दायाँ हाथ है।'

मैंने कहा–'अच्छा, अच्छा। मैं समझा कि लेफ्टिस्ट होना फैशन हो गया है इसलिए तुम प्रैक्टिस कर रहे हो।'

वह हँस पड़ा–'फैंशन की बात नहीं। बात यह है कि दाहिना हाथ सलाम करते-करते इतना थक गया है कि कोई काम करना हो तो मजबूरन बायाँ हाथ चलाना पड़ता है पर मुझे तो कुछ करना ही नहीं है, बायाँ हाथ बेकार पड़ा-पड़ा ख़राब हो रहा है चाहो तो यह बायाँ हाथ बेचकर थोड़ी-सी चीनी खरीद लावो। चाय साली अब भी कड़वी है।'

चाय की दूसरी चुसकी लेकर उसने बुरा-सा मुँह बनाया।

मैंने सोचा कि उसका बायाँ हाथ मैं ही क्यों न ले लूँ। मुझे एक बाएँ हाथ की ज़रूरत भी है। मेरा अपना बायाँ हाथ तो इधर बरसों से सुन्न पड़ा हुआ है।

तो मैंने पूछा—'क्या लोगे अपने बाएँ हाथ का?'

उसने कहा—'एक चम्मच चीनी।'

मैंने कहा—'अभी लाया।'

उसकी हँसी ने दरवाज़े तक मेरा पीछा किया। पर मेरे पास उसकी हँसी का मतलब समझने का वक़्त नहीं था। मैं अपने पुराने बाएँ हाथ की जगह एक नया बायाँ हाथ पाने की जल्दी में था।

चम्मच भर चीनी के लिए मैं दुकान-दुकान भटका। दुकानों पर चीनी की बोरियाँ थीं पर मेरे हाथ का चम्मच नहीं भरा। दुकानदारों से चम्मच में बोरियाँ डलवाता और देखता कि चम्मच आधा ख़ाली है। मैंने सारे शहर की चीनी ख़रीद ली पर चम्मच ख़ाली का ख़ाली रहा।

मैं थका-हारा फिर उसके पास लौट आया।

उसकी आँखें बंद थीं और अपने बाएँ हाथ से चाय की प्याली में चीनी घोट रहा था।

'लाये?' उसने मेरे पैरों की थकी हुई आहट से पूछा।

'न,' मैंने कहा—'इस शहर में चम्मच भर चीनी है ही नहीं।'

'दुकानों पर गए होंगे?'

'हाँ, और कहाँ जाता?'

वह हँस दिया—'पागल! दुकानों में चीनी है पर तुम्हारी जेब में दाम नहीं है। चम्मच भर चीनी का दाम नहीं है।'

मैं झल्ला गया—'दाम नहीं है?'

'हाँ।'

'तो फिर यह क्या है?' और मैंने उसके मुँह पर अपने बैंक की किताब खींच मारी। वह हँसने लगा। मेरा पारा चढ़ने लगा। मुझे यक़ीन था कि वह मेरा मज़ाक़ उड़ा रहा है।

वह हँसते-हँसते बोला—'गुस्सा थूककर आँखें बंद करो और लेट जाओ। एक चम्मच चीनी लाना तुम्हारे बस की बात नहीं।'

'हरामज़ादे।' मैं चीख़ पड़ा। सामने पड़ी हुई ख़ाली दवात मैंने उसे खींच मारी—एक छनाका हुवा, आईना टूट गया और मैंने महसूस किया कि जैसे मेरे मुर्दा हाथ में धीरे-धीरे जान आ रही है।

कड़वी चाय की ठंडी प्याली उसी बाएँ हाथ से उठाकर मैंने एक साँस में ख़ाली कर दी।

इंद्र दरबार में है कोई,
जो आगे बढ़कर,
बूँद मंथन को उठा ले बीड़ा?
किसने अपने को मथा,
मेरे सिवा,
मेरे ही जैसे दीवानों के सिवा?
इंद्र दरबार में कोई नहीं।
सब उठ गए,
सन्नाटा है।

वह सन्नाटा चम्मच भर चीनी बन गया और मेरी चाय मीठी हो गई।

ख़लीक़ अहमद बूआ

ख़लीक़ अहमद बूआ बड़े मज़े की चीज़ थे, साड़ी बाँधे, नोकदार अंगिया पहने, जूड़े में फूल टिकाए, पायल बजाते निकलते तो राह चलते इधर-उधर देखने लगते, क्योंकि उनसे सभी घबराते थे। क्या पता कब किसे क्या कह दें! बड़े मुँहफट आदमी थे। और रुस्तम खाँ की बेवफ़ाई के ख़्याल और मौत के सिवा किसी से नहीं डरते थे।

उन्हें देखते ही कोई बच्चा नारा लगाता : "ख़लीक़ अहमद बूआ मर गईं।" और यह शुरू हो जाते। "अरे मरे तै। मेरे तेरे होते सोते...रंडी के जने की ज़बानें देखत जाव लोग..."

उनकी आवाज़ बड़ी पाटदार थी। दूर-दूर तक पता चल जाता कि ख़लीक़ अहमद बूआ घर से निकल चुके हैं। बच्चे तैयार हो जाते, कोई इस गली में खड़ा उनकी राह देख रहा और कोई उस पेड़ के पीछे है...ग़रज़ कि ख़लीक़ अहमद बूआ को दिन भर कोसने का राशन मिल जाता।

कहने का मतलब यह है कि उनकी ज़ात से शहर में बड़ी रौनक़ रहा करती थी। हाँ, गर्मियों की दोपहर उन पर ज़रूर भारी पड़ा करती थी। क्योंकि उन दोपहरों में तो बच्चे घरों के अँधेरे कमरों में बंद कर दिए जाते हैं और डाँट के डर से आँखें बंद किए पड़े रहते हैं। पर आँखें पुटपुटाती रहती हैं क्योंकि नींद भला किसे आती है...पर सड़कें तो वीरान हो जाती हैं और सड़कों की वीरानी से ख़लीक़ अहमद बूआ को डर लगा करता था। तो वह सड़कों को वीरान देखकर बड़बड़ाना शुरू करते, "आज कौनो हरमजादे की आवाज़ ना आ रही। मर बिला गए सब..."

यह आवाज़ धूप की परतों और अँधेरे की तहों को चीरती किसी बच्चे तक आ जाती। वह आँखें खोलकर इधर-उधर देखता। बड़ों को सोता पाकर चोरों की तरह खिड़की खोलकर झाँकता और बड़बड़ाते हुए

ख़लीक़ अहमद बूआ को गुज़रता देखकर नारा लगाता, "ख़लीक़ अहमद बूआ मर गईं।"

अपना फ़र्ज़ पूरा करके वह तो आकर चुपचाप लेट जाता और बंद आँखें पुटपुटाने लगतीं पर वहाँ सड़क जाग जाती। धूप मुँह फेरकर हँसने लगती। नीम और पीपल के पेड़ मुसकराने लगते। मुंडेर पर बैठी वुज़ू करती मस्जिद आँखें उठाकर ख़लीक़ अहमद बूआ की तरफ़ देखने लगती...

ख़लीक़ अहमद बूआ के दिल में मौत का यह डर क्यों था, यह तो मुझे नहीं मालूम, सम्भव है कि वह मौत से नहीं, तनहाई से डरते रहे हों! क्योंकि उनके आगे-पीछे तो कोई था नहीं।

दूर-पास रिश्तेदार अवश्य रहे होंगे पर किसी को उनके बारे में कोई जानकारी नहीं थी। वह तो रुस्तम खाँ को कहीं से भगा लाए थे और उन्हीं के साथ एक दिन बारह बजे वाली लोकल से ग़ाज़ीपुर आ गए थे।

वैसे वह ग़ाज़ीपुर आनेवाले नहीं थे। पर जब स्टेशन पर गाड़ी रुकी तो रुस्तम खाँ ने ज़िद की कि वह तो लाट साहब की क़ब्र देखे बिना नहीं जाएँगे। चुनाँचे बनारस तक का टिकट खराब हो गया। ख़लीक़ अहमद बूआ रुस्तम खाँ को लेकर उतर पड़े लोकल चली गई और वह रुस्तम खाँ के साथ ग़ाज़ीपुर ही में रह गए।

यह बात मेरी पैदाइश से दो-एक साल पहले की है। नया शहर। नए लोग। पर ख़लीक़ अहमद बूआ हिम्मत के धनी थे। ग़ाज़ीपुर की वीरानी उन्हें जँच गई और एक बात यह भी थी कि रुस्तम खाँ को ढूँढ़ता कोई ग़ाज़ीपुर-सी लूटी-मारी बस्ती में क्या आएगा।

वह हाजी बदरुलहक़ साहब के यहाँ खाना पकाने पर नौकर हो गए। वहीं एक कोठरी मिल गई और वह अपने 'पति' रुस्तम खाँ के साथ आराम से रहने लगे। पर्दानशीन औरतें भी ख़लीक़ अहमद बूआ से तो पर्दा करती नहीं थीं, इसलिए औरतें भी उन्हें खूब खींचतीं और लच्छेदार बातों पर हँसते-हँसते लोट-पोट हो जातीं...

"ए नौज ख़लीक़ अहमद बूआ," कोई कहती, "ऐसा भी क्या निगोड़मारा इश्क़ कि कोई रुस्तम खाँ की बात भी करे तो आग की फुलौड़ियाँ तलने लगती हो..."

"अरे बीबी, तुम लोग का जाने की इशिक का बला है..."

"पर फ़रज़ करो कि रुस्तम खाँ अटक गए किसी से—तो?"

"तो का?" ख़लीक़ अहमद बूआ कहते, "मर्दुए की जान ले लूँगी और अपनी जान दे दूँगीं..."

बतलाने को तो वह बड़ी तफ़सील से यह भी बताते कि उस औरत के साथ वह क्या सुलूक करेंगे...पर यह बात शुरू होते ही औरतें, बच्चों को डाँटकर भगा देतीं और ख़ुद शर्म से सुर्ख़ पड़ने लगतीं और हँसने लगतीं और ख़लीक़ अहमद बूआ को कोसने लगतीं कि ज़रा कोई इस निगोड़मारे की बेशर्मी देखे...

पर इसमें शक नहीं कि ख़लीक़ अहमद बूआ रुस्तम खाँ को चाहते थे, एक से एक सजीला नौजवान उनके सामने से गुज़रा, पर क्या मजाल कि उनके दिल में रुस्तम खाँ से बेवफ़ाई का ख़्याल भी आ जाए।

रुस्तम खाँ से उनकी मुहब्बत, धर्म की सीमाओं को भी पार कर चुकी थी। मुसलमान थे। पाँचों वक़्त की नमाज़ पढ़ते थे। तीसों रोज़े रखते थे। पर अपने सुहाग के लिए चौथ का व्रत रखना कभी न भूलते!

मुसलमान थे पर रुस्तम को आठ मुहर्रम के दुलदुल के नीचे से गुज़रना और सात मुहर्रम को इमाम का पैक बनाना न भूलते। दिन-रात, उठते-बैठते अपनी चूड़ियों की सलामती की दुआएँ माँगते...

एक दिन किसी ने यही कह दिया, "ख़लीक़ अहमद बूआ, रुस्तम खाँ तो आज बड़े ग़ज़ब का दाना लिए घूम रहे थे।"

क़यामत ही तो आ गई...उस दिन उन्होंने ऐसी-ऐसी गालियाँ ईजाद कीं कि मर्द घबरा गए। पर उसी दिन से यह एक और छेड़ भी निकल आई।

ख़लीक़ अहमद बूआ थे तो जनाने, पर क्या मर्दाना गालियाँ बका करते थे।

"रुस्तम खाँ के साथ लौंडा ना रहा होगा, तोरी छुटकी बहिनिया रही होगी मर्दाने भेस में, रुस्तम तो ओकी हलक से झाँकने लगे होंगे..."

बड़ी वफ़ादार बीवी थे ख़लीक़ अहमद बूआ।

रुस्तम के लिए उनकी पसंद का खाना पकाते। उन्हें अपने हाथ से खिलाते और फिर गई रात तक पाँव दबाते रहते। शहर भर की ख़बरें सुनाते रहते। यहाँ तक कि रुस्तम सो जाते।

और लोग चाहे कुछ कहें पर उन्हें रुस्तम खाँ की वफ़ा पर कभी शक न होता। अकसर वह यह भी सोचते कि रुस्तम खाँ उनसे काफी छोटे हैं तो उनके लिए एक और भी रख लिया जाये। पर उन्हें कोई लौंडा पसंद नहीं आ रहा था। इस तरह के लड़के आवारा बहुत होते हैं। एक के हो के नहीं रहते।

फ़क़ीर की झोली की तरह सबके सामने फैल जाते हैं...इस फ़िक्र में वह इसीलिए तो थे कि उन्हें रुस्तम पर भरोसा था। नहीं तो भला कोई अपने ऊपर सबत लाता है। इसीलिए जब उन्हें पता चला कि रुस्तम खाँ ने पुखराज बाई के कोठे पर आना-जाना शुरू कर दिया है तो उनके अंदर कोई चीज़ जैसे चट से टूट गई और उस रात पहली बार हाजी बदरुलहक़ के घर दाल में नमक कम पड़ा। खड़े मसाले के गोश्त में मिर्चा इतना पड़ गया कि मुँह जल गए...पर उस रात भी उन्होंने हमेशा की तरह रुस्तम को बड़े प्यार से खाना खिलाया। उसी तरह पाँव दबाते-दबाते उन्होंने उसे शहर की सारी ख़बरें सुनायीं...पर यह नाटक वह ज़्यादा दिन न चला पाए। और एक दिन रुस्तम खाँ के सामने खड़ी मसूर की दाल आ गई। इस दाल को वह हाथ नहीं लगाता। रुमाल से सादा फुलके निकले। सालन में वह दो अँगुल घी की तरी भी नहीं थी।

"ई का है भई?"

"खाना।"

"ई खाना है कि कुत्ते का रातिब।"

बस ख़लीक़ अहमद बूआ बरस पड़े।

"हम येके मारे दूनो बखत घी न चटाते कि सारी तेरी पुखर-जिया पर खरिच हो जाए। अरे बेवफा, ई भी नहीं सोचा कि रंडी आज तक के की भई है..."

उस रात बात बढ़ गई।

रुस्तम अपने आप पर लानतें भेजते घर छोड़ गए।

सारे शहर में उड़ गई कि ख़लीक़ अहमद बूआ का बसा-बसाया घर उजड़ गया।

"ख़लीक़ अहमद बूआ मर गईं।" किसी लड़के ने नारा मारा।

ख़लीक़ अहमद बूआ ने ग़ाली नहीं दी। बोली, "हाँ बेटा, ख़लीक़ अहमद बूआ मर गईं।"

और लोगों ने देखा कि ख़लीक़ अहमद बूआ की आँखों में खिंचा हुआ सुर्मा नहीं है। जूड़े का फूल बासी-तिबासी है। चूड़ियाँ साड़ी के रंग से मेल नहीं खा रहीं हैं।

सड़क पर ख़लीक़ अहमद बूआ का भूत चल रहा था। चुपचाप हाजी बदरुलहक़ के घरवालों ने हमदर्दी की।

"रुस्तम को ई ना करना चाहिए था।"

"रुस्तम से यह उम्मीद न थी।"

"वह तो बड़ा बेमुरव्वत निकला।"

"तुम फिकर न करो। दो-चार दिन भूखा रहेगा तो तबीयत ठिकाने पर आ जाएगी। आएगा नहीं तो जाएगा कहाँ..."

ख़लीक़ अहमद बूआ का भी यही ख़्याल था। उस निखट्टू को तीन तरह का सालन और घी चुपड़ी रोटी और मलाई कौन दिखलाएगा दोनों बखत?

पर रुस्तम खाँ नहीं आए।

ख़लीक़ अहमद बूआ मायूस हो गए। रंडापा तारी कर लिया...उन्हें छेड़नेवाले, मज़ा लेनेवाले उनसे यह कह गए कि रुस्तम खाँ तो पुखराज के हो गए हैं। लोगों को उनसे एक तरह की हमदर्दी हो गई थी। किसी ने तो यहाँ तक कह दिया, "अब यहाँ क्यों पड़ी हो बूआ। उनकी याद सताती रहेगी। कहीं और चली जाओ।" यह बात उनकी समझ में आ गई। वह जाने की तैयारी करने लगे। उन्हीं तैयारियों में एक दिन उन्होंने रुस्तम को पिछले दरवाज़े से पुखराज के घर में जाते देख लिया।

अब ख़लीक़ अहमद बूआ यह तो बरदाश्त नहीं कर सकते थे, वह सामनेवाली सीढ़ी से ऊपर चढ़ गए। बाज़ार सन्नाटे में आ गया। आँखें कोठे पर लग गईं।

पुखराज रुस्तम खाँ के मुँह में पान का बीड़ा रखने ही वाली थी कि ख़लीक़ अहमद बूआ को देखकर उसका हाथ रुक गया।

"रुक क्यों गई मालज़ादी..." वह कोई ढाई-तीन मिनट तक बोलते रहे।..."छिनाल। लौंडा रखनी..."

"क्या बकती हो।" पुखराज ने घुड़का।

"हम बक ना रहे।" ख़लीक़ चमके, "हम तो डेढ़ बीत का ई लिआए हैं..." उनके हाथ में एक चाकू कहाँ से आ गया इसका जवाब पुखराज बाद में पुलिस को भी न दे पायी...

और उस रात पुखराज के कोठे पर यह साबित हो गया कि सुहाग, सुहाग होता है—चाहे वह किसी हीजड़े का ही क्यों न हो!

ख़लीक़ अहमद बूआ रुस्तम पर टूट पड़े। चाकू वाला हाथ ऊपर-नीचे चलने लगा, "हम का अपनी जवानी तोरे पीछे यह मारे गँवाया है कि तू हमारी कमाई का पईसा ई किराए की बच्चेदानी के गुल्लक में फेंको...?"

सब बुत बने बैठे रह गए।

ख़लीक़ अहमद बूआ ने रुस्तम खाँ को मार डाला! फिर उन्होंने खून भरे चाकू को देखा। फिर उन्होंने वह चाकू पुखराज के पास पड़े हुए तबले के बापें में घोंप दिया।

ख़लीक़ अहमद बूआ पकड़े गए। उन पर मुकदमा चला। फाँसी की सज़ा हो गई। थोड़े दिनों तक शहर के बच्चों ने उन्हें याद रक्खा। फिर वह भी ख़लीक़ अहमद बूआ को भूल गए।

सपनों की रोटी

वह इधर कई दिनों से, लगातार, अपने-आपको खोज रहा था। पर खोनेवाला कुछ ऐसा खोया था कि खोजते-खोजते उसकी आँखें दुख गईं, पर उसे अपना पता न चला।

आख़िर मैं कहाँ जा सकता हूँ? वह दिन-रात अपने आप से कई सवाल करता। शायद मुझे कोई सरकारी नौकरी मिल गई हो! और क्या, इस दुनिया में कुछ भी हो सकता है। अगर जनता पार्टी की सरकार बन सकती है और फिर वह पार्टी अंग्रेज़ी के तमाम अक्षरों में तक़सीम हो सकती है और श्रीमती इंदिरा गांधी फिर वापस आ सकती हैं और चीनी 15 रुपए किलो मिल सकती है और अगर भद्दी फ़िल्मों पर सरकार एंटरटेनमेंट टैक्स ले सकती है और अगर मुसलमान अपना घर जलवाने, और अपने आपको क़त्ल करवाने के लिए दंगे शुरू कर सकते हैं, तो वह सरकारी नौकरी क्यों नहीं कर सकता। तो उसने अपने आपको सरकारी ऑफ़िसरों में ढूँढ़ने का फ़ैसला किया।

परन्तु चूँकि वह एक पढ़ा-लिखा ज़हीन आदमी भी था और किसी बड़े आदमी का रिश्तेदार भी नहीं था, इसलिए उसे कोई अच्छी नौकरी तो मिली नहीं होगी। उसे यह भी मालूम था कि जिन नौकरियों में तनख़्वाह चाहे भले ही कम हो, पर ऊपर की आमदनी के रास्ते हों, वह नौकरियाँ सरकारी भले आदमियों को मिलती हैं...तो फिर मैं कहाँ हूँगा। इनकम टैक्स? सेल्स टैक्स? पुलिस? मिनिस्टरों का चपरासी? रेलवे में पार्सल क्लर्क? टिकट चेकर? राशनिंग ऑफ़िस? म्युनिसिपल बोर्ड में पैदाइश और मौत लिखनेवाला क्लर्क? सरकारी अस्पताल में कंपाउंडर?...ऐसी तो कोई नौकरी ही नहीं, जिसमें ऊपर की आमदनी न हो। किसी में कम है किसी में ज़्यादा, पर हर सरकारी नौकरी में ऊपर की आमदनी की कोई टिप्पस भिड़ ही जाती हैं।

इसीलिए तो सरकार तनख़्वाह कम देती है। अगर ऊपर की आमदनी को तनख़्वाह में मिला दिया जाए तो इनकम टैक्स देने में सरकारी नौकर का भुरकुस निकल जाएगा और बेचारा भूखा मर जाएगा। इसे कहते हैं सोशलिस्टिक पैटर्न! सरकार का पैसा भी कम जाता है और सरकारी नौकर अल्लाह के फ़ज़्ल के साथ ख़ैरियत से जी रहे हैं। उसने तो अब तक यह नहीं सुना था कि किसी सरकारी नौकर ने जीने से तंग आकर आत्महत्या कर ली हो। तो साहब सरकारी नौकरी में कोई न कोई बात तो होगी ही, नहीं तो कम तनख़्वाह वाली सरकारी नौकरियों की तरफ़ लोग भागें क्यों...

लेकिन अगर हर सरकारी नौकरी में ऊपर की आमदनी का फुँदना टँका हुआ है तो फिर यह नौकरी उसे तो मिल नहीं सकती, क्योंकि मिनिस्ट्रियाँ अब इतनी ज़्यादा हो गई हैं कि मंत्रियों के रिश्तेदारों और उनकी सहायता करनेवाले एम.पी. और एम.एल.ए. और उनकी मदद करनेवाले कारख़ानेदारों, दुकानदारों और टटपुँजिये मुक़ामी नेताओं ही के लिए नौकरियाँ कम पड़ने लगी हैं तो उस बिचारे को सरकारी नौकरी कैसे मिल सकती है!

वैसे उसमें एक और बहुत बड़ी खराबी भी थी जो सरकारी नौकरी के रास्ते में आड़े आती थी। उसका कोई धर्म नहीं था, उसकी कोई जात नहीं थी और हमारी सोशलिस्टिक सरकार धर्म और जाति को ठोंक-बजाकर देखे बिना किसी को नौकरी देती नहीं। क्योंकि मंत्री तो अलग-अलग जातियों के हैं। उनके सहायक एम.पी. और एम.एल.ए. भी अलग-अलग जातियों के हैं और उनके सहायक कारख़ानेदार, दुकानदार और टुटपुँजिये मुक़ामी नेता भी अलग-अलग जातियों के हैं, तो सरकार अगर आँकड़े बराबर न रक्खे तो इन लोगों को यह बताए कैसे कि नौकरियों के सिलसिले में उनकी जाति के साथ कोई अन्याय नहीं हुआ! क्योंकि सरकार अगर उन्हें यह आँकड़े नहीं दिखाएगी तो आनेवाले चुनाव में वोट कैसे पाएगी? क्योंकि सेकुलरिज़्म हमारा सरकारी नारा अवश्य है। यह नारा बड़ा ख़ूबसूरत और बड़ा रसीला और बड़ा मनभावन भी है, पर चुनाव के दिनों में हम इस नारे को ज़रा गोल कर जाते हैं, टाले जाते हैं। हमारा सेकुलरिज़्म हद से हद तैंतीस बरस नहीं तो तिरसठ बरस पुराना है। पर जातिवाद तो साहब हज़ारों बरस पुराना है। पुरानी शराब है और साहब छूटती नहीं है, मुँह से ये काफिर लगी हुई। अब उस उल्लू की दुम फाख़्ता को यह कैसे समझाता कि अरे भैया, जीना है तो किसी न किसी धर्म और किसी न किसी जाति की

उँगली पकड़ ले! निधर्मा मारा गया तो किसी पत्र-पत्रिका में ख़बर भी नहीं छपेगी!...

यकायक, अपने आपको खोजते-खोजते, उसे वह मास्टर साहब याद आ गए जो दर्ज़ा चार के लड़कों को यह पढ़ा रहे थे कि धरती चपटी है। किसी ने कहा, "मास्टर साहब यह क्या?" तो बोले, "जी, यह तो मैं भी जानता हूँ कि ज़मीन गोल है। पर जितनी तनख़्वाह मिलती है उसमें यही पढ़ाऊँगा कि चपटी है।"

पर वह उन मास्टर साहब जैसा तो था नहीं। उसे तनख़्वाह न भी मिले, तब भी वह यही पढ़ाता रहेगा कि ज़मीन गोल है और सरकार बच्चों को इस तरह की ख़तरनाक चेतना देने से डरती है। यदि उन्हें यह पता चल गया कि चपटी दिखाई देनेवाली यह धरती वास्तव में गोल है तो कल बहुत-सी टेढ़ी बातें भी उनकी समझ में आ सकती हैं और वह जवान होकर टेढ़े-सीधे सवाल कर सकते हैं, अर्थात् सरकार की भलाई इसी में है कि लोग यह न जान पाएँ कि धरती गोल है? इसलिए वह टीचरों की तनख़्वाह कम रखती है! लेकिन वह चूँकि यही पढ़ाएगा कि ज़मीन गोल है, इसलिए पढ़ाने की नौकरी उसे तो मिल ही नहीं सकती। पढ़ाने की नौकरी तो उन्हें मिलेगी जो ब्लैकबोर्ड पर श्री ऊँ या बिसमिल्लाह लिखकर फ़िज़िक्स पढ़ाना शुरू करें! यानी वह पढ़ाने के काम का भी नहीं।

तो फिर मैं आख़िर हूँ कहाँ? वह अबकी इस प्रश्न से ज़रा डर-सा गया। क्या टेलिविज़न पर तसवीर दिखलायी जाए कि बावन-साढ़े बावन साल का यह आदमी गुम हो गया है। गुम होते वक़्त उसकी एक जेब में पी-एच.डी. की डिग्री थी, दूसरी जेब में नए उपन्यास के कुछ पन्ने थे। मुँह में नकली दाँत थे। आँखों पर चश्मा था। घर से रोशनाई लेने निकला था। जिन साहब को मिले वह करीब के थाने में सूचना दे दें!

तो क्या उसकी सूरत अब भी वैसी होगी जैसी तब थी, जब वह रोशनाई ख़रीदने के लिए घर से निकला था? क्यों, सूरत क्यों बदली होगी? क्या पता उसने कोई चेहरे पर कोई और चेहरा लगा लिया हो, ताकि कोई जाननेवाला पहचान न सके। हमारी फ़िल्मों में तो बराबर यही होता है। गाल पर एक मस्सा लगा लो तो कोई नहीं पहचानता। अगर वाक़ई ऐसा हो सके तो कैसा मज़ा आए! मालिक मकान किराया माँगने आए और हम गाल पर एक मस्सा जड़ के उसके सामने मुस्कुराते निकल गए। अब तमाम लोग अपने बिल लिए हमें खोज रहे हैं और हम हैं कि गाल पर एक मस्सा

चिपकाए मस्ती छाँट रहे हैं, पर जीवन में मस्से का यह महत्त्व नहीं है। यह सोचकर वह उदास हो गया और उसे वह तमाम बिल याद आ गए जो तलवार की तरह उसके सर पर लटक रहे थे और वह पल भर के लिए यह भूल गया कि वह तो अपने आपको तलाश कर रहा है। यदि वह जासूसी उपन्यासों का कोई प्राइवेट (और शायद लिमिटेड भी!) डिटेक्टिव होता तो कब का अपने आपको तलाश करके ठिकाने लगा चुका होता। क्योंकि उसकी सारी परेशानियों की जड़ यह थी कि वह कोई और या कुछ और नहीं था कि वह, वह था। सिर्फ़ वह! वही!

शुरू-शुरू में, यदि उसने चाहा होता तो कुछ और भी हो सकता था, पर वह कुछ और नहीं हुआ। बात यह है कि तब वह जवान था। आँखें मज़बूत थीं। सपने देख सकती थीं, तो उसने अपनी आँखों को कोई और काम सिखलाया ही नहीं और फिर ऐसा हुआ कि सपनों का बाज़ार मंदा हो गया, ज़िन्दगी बाज़ार का उतार चढ़ाव होकर रह गई। जब तक चीनी पाँच रुपए किलो तक मिली, वह लश्टम-पश्टम सपने देखता रहा। फिर चीनी साढ़े पाँच रुपए किलो हुई। सात रुपए किलो हुई। पंद्रह रुपए किलो हो गई और नींद उड़ गई और जब नींद ही उड़ गई तो कोई सपना क्या देखे, ठेंगा! नींद तो सपने की रोटी है न! सपने आदमी की तरह सख़्त जान नहीं होते। आदमी तो रोटी बिना कुछ दिन जी सकता है। हिंदुस्तानी आदमी ने तो रोटी बिना जीने का विश्व रिकार्ड क़ायम किया है। दो-सवा दो सौ साल से रोटी बिना जी रहा है। पर सपने तो नींद बिना एक रात नहीं जी सकते...तो क्या वह भी अपने सपनों के साथ किसी शमशानघाट पर जला दिया गया होगा या किसी क़ब्रिस्तान में दफना दिया गया होगा?

इस सवाल ने उसे झिंझोड़ दिया। क्या यह भी हो सकता है कि मैं मर चुका हूँ और मुझे अपने मरने की ख़बर न मिली हो? हाँ, हो क्यों नहीं सकता। इस दुनिया में सब कुछ हो सकता है भई! आदमी चाँद पर जा सकता है, आदमी न्यूट्रॉन बम बना सकता है। आदमी, आदमी से नफ़रत कर सकता है, उसे क़त्ल कर सकता है। उसके हाथों क़त्ल हो सकता है। आदमी पंद्रह रुपए किलो चीनी बेच सकता है। आदमी श्रीमती गांधी को कुर्सी से हटा सकता है। आदमी उन्हें फिर कुर्सी पर बिठा सकता है। आदमी तो निहायत गड़बड़ चीज़ है। कुछ भी कर सकता है। कुछ भी हो सकता है। अगर मुझे अपने मरने की सूचना न मिली हो तो इसमें आश्चर्य की क्या बात है! यह सोचकर उसने यह तय किया कि अपनी तलाश फिजूल है। घर लौट

चलना चाहिए, तो वह घर लौट आया। और घर आकर उसने देखा कि वह तो गहरी नींद सो रहा है। अपने-आपको सोया हुआ पाकर उसने इत्मीनान की एक लंबी साँस ली...क्योंकि सोने का मतलब यह था कि वह कोई सपना देख रहा था। पंद्रह रुपए किलो चीनी के भाव के युग में भी वह सपना देख रहा था।

वह लेट गया। थोड़ी देर जागता रहा, फिर ख़ुद अपने-आप में समा गया।

हीरोइन

“मुझे पानी चाहिए।” लड़के ने कहा।

“मुझे पेड़ पर से उतारो।” लड़की ने कहा।

“जब तुम्हें उतरना नहीं आता तो तुम चढ़ी क्यों थीं?”

“एक फिल्म में देखा था।” लड़की ने जवाब दिया।

“मगर मैं किसी फिल्म का हीरो नहीं हूँ।” लड़के ने कहा।

“तो तुम्हारी कार ठीक पेड़ के नीचे क्यों रुकी?” लड़की ने सवाल किया, “वैसे मैं भी किसी फिल्म की हीरोइन नहीं हूँ।”

“अच्छा?”

“हाँ।” लड़की बोली, “मैं बी.ए. में पढ़ती हूँ। छुट्टियाँ गुजारने नाना के घर आई हूँ।”

“अच्छा।” लड़के ने यूँ कहा जैसे उसकी समझ में यह बात आ गई हो कि लड़की पेड़ पर चढ़ी क्यों बैठी है।

“तुम्हारे कालिज में पेड़ पर चढ़ना सिखाया जाता है क्या?”

“तुम पागल हो।” लड़की ने कहा, “कहा न कि कई फिल्मों में यह देखा है कि जब तक हीरोइन पेड़ पर नहीं चढ़ती, हीरो नहीं आता।”

“तो तुम हीरो की राह देख रही हो?”

“तुम्हें गाना आता है?”

“न।”

“तब तुम हीरो नहीं हो सकते।” लड़की बोली। वह उदास हो गई। उसकी बड़ी-बड़ी काली आँखों में धूल उड़ने लगी। वह पेड़ से नीचे आ गई। “तुम्हारी गाड़ी भी पुरानी है। तुमने मेरे पेड़ के नीचे गाड़ी क्यों रोकी? ऐसी फटीचर गाड़ी लेकर हीरो बनने का शौक चर्राया है?”

“गाड़ी खुद से रुक गई है।” लड़के ने उतरकर कहा।

“तुमने सेकंड हैंड खरीदी है!”

“फोर्थ हैंड।”

“क्यों?”

“क्योंकि मैं नई गाड़ी नहीं खरीद सकता।”

“क्यों नहीं खरीद सकते?”

“मेरे अब्बू एक मिनिस्टर से साझे में बिजिनेस कर रहे थे। वह मिनिस्टर हार गया। वह तो अब गवरनरी कर रहा है। और मेरे अब्बू जेल में हैं।”

“अच्छा!” लड़की फिर पेड़ की तरफ बढ़ी।

“पानी।” लड़के ने कहा।

“तुम कोई हीरो हो कि मैं तुम्हारी कार के लिए पानी लाऊँ?” लड़की बिगड़ गई। “गाड़ी यहाँ से हटा लो। हीरो आएगा तो गाड़ी कहाँ रोकेगा?”

“हीरो नहीं आएगा।”

“क्यों नहीं आएगा!” लड़की ने एक शाख पकड़ते हुए कहा।

“वह आजकल बेरोजगार है।”

लड़की हँस पड़ी। “तुम बिलकुल पागल हो। हीरो सदा बेरोजगार होता है।” यह कहकर लड़की गाने लगी–

‘यहाँ बदला वफा का बेवफाई के सिवा क्या है।’

लड़का जमीन पर उकड़ू बैठ गया...

“ओ मेरे हीरो रे हीरो रे हीरो।” लड़की ने मुँह के दाहिनी तरफ दाहिने हाथ की दीवार बनाकर आवाज लगाई।

“ज्यादा चीखोगी तो आवाज फँस जाएगी।” लड़के ने कहा।

“हीरो को पुकारने से आवाज नहीं फँसती।”

“मगर तुमने ही तो कहा था कि तुम हीरोइन नहीं हो बल्कि छुट्टियाँ गुजारने नाना के यहाँ आई हो।”

“हाँ!”

“इसलिए तुम्हारी आवाज फँस सकती है।”

“मैंने यह नहीं सोचा था।”

“वैसे तुम्हारे नाना क्या करते हैं?”

“मेरे नाना को कुछ करने की क्या जरूरत है।” लड़की फिर बिगड़ी। “मेरे नाना बहुत बड़े जमींदार हैं।”

“जमींदार?”